45572
AF876634

Geneviève Cadieux

Geneviève Cadieux

Gilles Godmer

Musée d'art contemporain de Montréal
du 31 mars au 30 mai 1993

GENEVIÈVE CADIEUX

Une exposition organisée par le Musée d'art contemporain de Montréal et présentée du 31 mars au 30 mai 1993.

Conservateur : Gilles Godmer
Chargé de recherche : Alain Depocas
Secrétariat : Marie Lourdes Laguerre, Carole Paul
Assistance technique : Denis Labelle, Sylvain Parent
Régie des transports : Raymond Poitras
Montage de l'exposition : l'équipe des Services techniques du Musée

Cette publication a été réalisée par la Direction de l'éducation et de la documentation.

Éditrice déléguée : Chantal Charbonneau
Révision : Olivier Reguin
Traduction : Susan Le Pan, Services d'édition Guy Connolly
Lecture d'épreuves : Susan Le Pan, Olivier Reguin
Secrétariat : Sophie David
Conception graphique : Judith Poirier
Impression : Métropole Litho inc.
Pelliculage : Grafix Studio

Le Musée d'art contemporain de Montréal est une société d'État subventionnée par le ministère de la Culture du Québec, et bénéficie de la participation financière de Communications Canada et du Conseil des Arts du Canada.

© Musée d'art contemporain de Montréal, 1993
185, rue Sainte-Catherine Ouest
Montréal (Québec)
H2X 1Z8
Tél.: (514) 847-6226

Dépôt légal : 1er trimestre 1993
Bibliothèque nationale du Québec
Bibliothèque nationale du Canada
ISBN 2-551-13040-9

DONNÉES DE CATALOGAGE AVANT PUBLICATION (CANADA)

Godmer, Gilles

Geneviève Cadieux

Catalogue d'une exposition tenue au Musée d'art contemporain de Montréal du 31 mars au 30 mai 1993.
Textes en français et en anglais.

ISBN 2-551-13040-9

1. Cadieux, Geneviève - Expositions. I. Cadieux, Geneviève.
II. Musée d'art contemporain de Montréal. III. Titre.

N6549.C32A4 1993 709'.2 C93-096206-0F

COUVERTURE :
Le Corps du ciel (détail), 1992
Photo : Louis Lussier

REMERCIEMENTS

Nous tenons d'abord à exprimer notre profonde gratitude à Geneviève Cadieux pour la confiance, la compréhension et la générosité dont elle a fait preuve lors de la réalisation de cette exposition et de la publication qui l'accompagne.

Nos remerciements vont aussi aux institutions qui ont généreusements consenti le prêt d'une œuvre : la Banque d'œuvres d'art du Conseil des Arts du Canada et le Musée des beaux-arts du Canada, à Ottawa, le Musée départemental d'art contemporain de Rochechouart, à Rochechouart, France, le Musée du Québec, à Québec, et la Vancouver Art Gallery, à Vancouver. De plus, nous remercions la Galerie René Blouin, et en particulier René Blouin et Anne Delaney, pour leur étroite et indispensable collaboration.

Nous sommes très reconnaissants à Jacinto Lageira d'avoir accepté notre invitation de contribuer à la présente publication et de nous livrer ainsi sa perception et son analyse du travail photographique de Geneviève Cadieux.

Notre reconnaissance va également à Jean-Marc Prévost, du Musée départemental d'art contemporain de Rochechouart, à Marie-Claude Saia, du Musée des beaux-arts de Montréal, et à Charles Perraton, pour leur amicale collaboration à une étape ou à une autre de ce projet. Nous savons gré aussi à Alain Depocas de son important travail de documentation et de son assistance sans faille.

Enfin, nos remerciements s'adressent à tous ceux et celles qui, par leur contribution, ont fait en sorte de rendre possible l'ensemble du projet.

G. G.

TABLE DES MATIÈRES

AVANT-PROPOS

Depuis 1990, date de la quarante-quatrième Biennale de Venise, l'œuvre de Geneviève Cadieux a connu une diffusion de plus en plus importante sur la scène internationale, à tel point que certains pourraient estimer que l'amateur étranger en a peut-être une connaissance plus étendue que nos propres concitoyens. Le Musée d'art contemporain de Montréal a donc voulu présenter non une rétrospective — comment pourrait-on parler de rétrospective quand il s'agit d'une œuvre sans doute déjà bien définie, mais qui peut réserver encore bien des découvertes — mais un panorama qui regroupe un nombre suffisant de pièces, de manière à faciliter la compréhension du questionnement de l'artiste et des réponses qu'elle apporte. Et quand je dis questionnement, je n'entends nullement faire écho à ceux qui se demandent ce qu'a voulu dire l'artiste, ou encore à ceux qui, à la manière de Sartre, de façon encore plus provocante, demandent : «Qu'avez-vous à dire?» En d'autres termes, quel savoir possédez-vous? Comme si l'artiste, dépositaire d'un savoir refusé au commun des mortels, était chargé de les instruire. Car la «réponse» ici, le «sens» si l'on préfère, ne précède pas l'action du créateur, mais à l'inverse plutôt cette dernière le devance et le suscite. N'est-ce pas d'ailleurs ce que confiait Paul Valéry? «Si l'on m'interroge, écrivait-il, si l'on s'inquiète, comme il arrive, et parfois assez vivement de ce que j'ai voulu dire..., je réponds que je n'ai pas voulu dire, mais voulu faire, et c'est cette intention de faire qui a voulu ce que j'ai dit.» Faire. Mais avec quoi? Pour Geneviève Cadieux, avec sans doute un magma d'émotions, de souvenirs, d'images. Mais aussi avec les matériaux les plus divers et les plus contrastants : la porcelaine et le béton, le bronze et le parchemin, le miroir et la plaque de plomb et toujours, fragile et obsédante, la lumière, telle que nous donnent de la percevoir les procédés photographiques. C'est de tout cela et d'autres choses encore que nous parlent les textes du critique Jacinto Lageira et de Gilles Godmer, conservateur au Musée et responsable de cette exposition. Qu'ils soient l'un et l'autre remerciés de leur travail. Notre reconnaissance va également à tous les employés du Musée qui, de près ou de loin, ont collaboré à cette exposition. Enfin, nous exprimons notre gratitude au public pour son appui constant.

Marcel Brisebois
Directeur

Ecchymoses de la photographie

Gilles Godmer

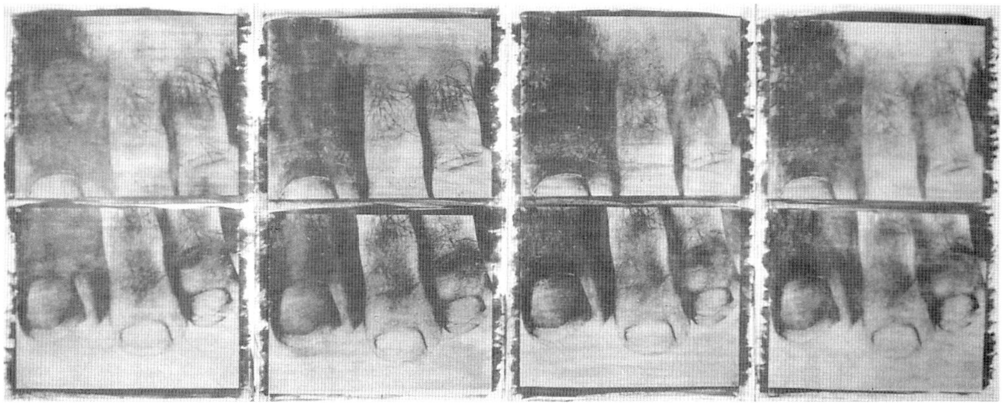

Série n° 25, 1978

«Maintenant la Tragédie est anatomique[1].»
— Jean Epstein

C'est de cinéma qu'il s'agit lorsque le réalisateur et théoricien français utilise cette formule à propos du gros plan. «[...] La Tragédie devient anatomique, ce qui veut dire que son espace se restreint et se resserre sur le corps, sur des mouvements infimes à la surface du corps (le monde se rétrécit), en même temps que ceux-ci deviennent des événements absolus[2].» Curieusement, qui connaît le travail photographique de Geneviève Cadieux depuis ses débuts, il y a plus de douze ans maintenant, pourrait croire que l'expression a été inspirée par la fréquentation de cette œuvre où le corps se trouve omniprésent.

Ainsi le corps et la photographie sont à l'origine même de l'œuvre de Geneviève Cadieux. Ils y sont intrinsèquement liés. Comme dans un rapport de gémellité. L'un ne semble pas aller sans l'autre; l'autre paraissant difficilement se concevoir sans l'un. De surcroît, l'utilisation de l'un et de l'autre, au fur et à mesure que le travail s'accomplit, tend à révéler l'existence d'un lien supplémentaire, de nature métaphorique : dans sa fragilité et sa sensibilité, la peau se fait ici l'écho de la pellicule photographique; inversement, de cette dernière, le rôle d'écran-mémoire échoit également au corps.

1. Cité par Pascal Bonitzer dans «La métamorphe», *Revue Belge du Cinéma*, n° 10 (hiver 1984-1985), p. 7. — Dossier thématique : Gros Plan.

2. Bonitzer, Pascal, *op. cit.*, p. 7.

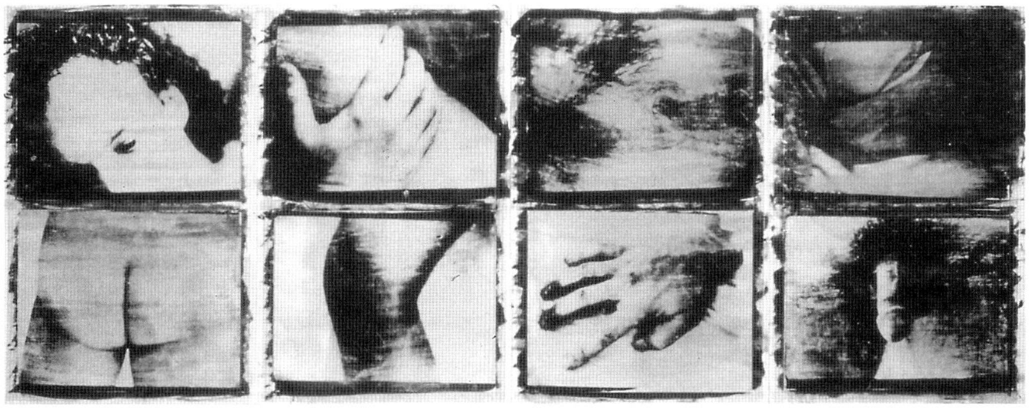

Série n° 1, 1977

Ce corps, il est de toutes les œuvres. De l'une à l'autre, il est au centre de chacune de leurs stratégies. Parfois audacieuses et surprenantes, ou encore optant pour de subtiles variations dans la récurrence d'un «motif», ces façons de le présenter, toujours renouvelées, ne viennent jamais à bout du potentiel expressif et créateur qu'y puise l'artiste. En fait, de sa présentation intégrale jusqu'au choix du détail d'une de ses parties, le corps est présenté dans tous ses états. Présentation en pied ou en plan américain, ce sont ses fragments qui le plus souvent sont privilégiés : le visage, le tronc, les yeux, la bouche/les lèvres, les pieds, jusqu'à la peau et ses accidents — cicatrice et ecchymose — images ambiguës des œuvres *Trou de mémoire, la beauté inattendue*, *La Fêlure, au chœur des corps* et *Blues*[3].

Dans la variété des façons mises de l'avant par Cadieux qui mettent en scène le corps, quelques-unes en proposeront une utilisation limite. On aura en tête, à ce moment, les agrandissements qui mettent en évidence les détails de la peau. Dans un tout autre registre, ce sera le corps même du spectateur qui fera l'objet d'une certaine mise en scène, partie prenante qu'il est — à son corps défendant — d'une stratégie à laquelle il ne peut se soustraire.

On a déjà remarqué que la rencontre ou la juxtaposition (à certains moments, la superposition en transparence également) de deux photos, de deux éléments ou même d'un texte et d'une image, sont des procédés courants et récurrents de l'artiste[4]. Comme dans une variation de cette manière, l'utilisation de deux images ou de deux éléments en vis-à-vis, qui intègrent le spectateur malgré lui, met particulièrement en lumière certains desseins bien arrêtés de Cadieux quant à la participation physique de ce dernier dans certaines œuvres : *Voices of Reason/Voices of Madness*, de même qu'*Éclipse* sont de celles-ci; le spectateur peut difficilement les regarder sans en être. Un peu différemment, *À fleur de peau* ou *Trou de mémoire, la beauté inattendue* sont autant de «pièges» qui lui sont tendus, à lui et à son image. Bref, si l'œuvre chez Cadieux

3. Se référer aux exemples suivants : présentation en pied (la série des *Illusions*, *La Blessure d'une cicatrice ou les Anges*, etc.); en plan américain (dans *Ravissement*, entre autres). En ce qui a trait à l'utilisation de fragments, le visage est mis en valeur dans les œuvres suivantes, entre autres : *Voices of Reason/Voices of Madness*, *Hear Me with Your Eyes*, *Portrait de famille*, etc.; le tronc dans *Écho*, *Portrait de famille*; les yeux dans *Séquence n° 6*, *Parfum*, *Amour aveugle*; la bouche/les lèvres dans *Éclipse*, *Hear Me with Yours Eyes*, *La Voie lactée*, *Amour aveugle*, et enfin les pieds dans *L'Inconstance du désir*.

4. On remarquera que l'œuvre et son titre — le titre chez Cadieux est un élément important de l'œuvre — prolongent cette manière de faire.

s'incarne et se déploie dans une dynamique de la rencontre où dominent les images du corps, le spectateur s'y sent et s'y voit souvent interpellé.

Mais celui qui observe le développement du travail photographique de Geneviève Cadieux au cours de ces années retiendra surtout l'emploi de détails anatomiques, ces gros plans — pas tant photographiques que cinématographiques — où fragmenté, le corps expose une intimité à la limite de la provocation, à une échelle à laquelle la photographie ne nous avait guère habitués, si ce n'est dans ces agrandissements, plus ou moins issus du procédé photographique d'ailleurs, conçus à des fins publicitaires.

★

> «La photographie peut se concevoir sans la possibilité du gros plan.
> Le cinéma, non : "Le gros plan est l'âme du cinéma", disait Epstein[5].»

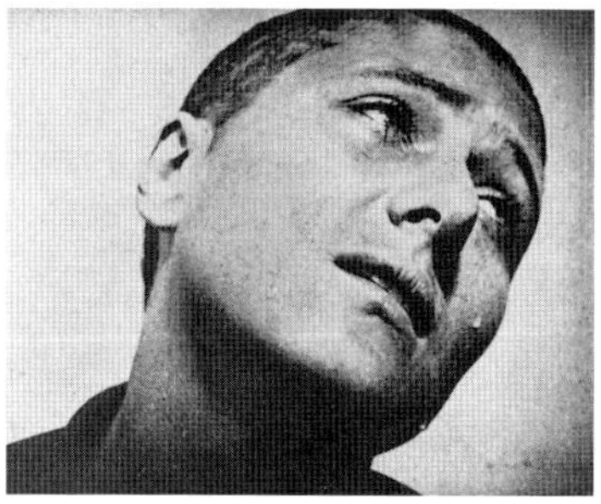

La Passion de Jeanne d'Arc, 1928
Réalisateur : Carl Th. Dreyer
Photo : Cinémathèque québécoise

À l'évidence, le gros plan est à la charnière de deux modes d'expression, de deux formes d'art. Il constitue même pour eux un lieu de rencontre[6]. S'il n'y a pas de doute à ce que la photographie puisse se concevoir sans la possibilité du gros plan, la photographie actuelle, cependant, voudra de plus en plus se l'approprier et y être associée. Mais lorsqu'on choisit de le présenter, comme c'est le cas chez Cadieux, dans des formats photographiques devenus importants, l'allusion au cinéma tend à s'imposer.

Si l'emploi de ces détails du corps humain, en rapport avec l'importance de l'échelle, se fait le lieu d'un rappel cinématographique (le gros plan) dans le travail de Cadieux, ce n'est certes pas là un rapprochement fortuit ou même isolé. L'artiste elle-même utilisera volontiers la comparaison cinématographique à propos d'une œuvre (*La Blessure d'une cicatrice ou Les Anges*) : «La différence d'échelle devait normalement produire un déséquilibre chez le spectateur et, possiblement, donner à voir des choses qui passent inaperçues à plus petite échelle, un peu comme les gros plans, les ralentis ou les accélérés dont on a dit, au cinéma, qu'ils pouvaient avoir un effet révélateur, et donc faire découvrir des choses qui seraient normalement restées cachées[7].»

Référant en cela au principe même de la cinématographie, les premiers travaux étaient constitués d'une succession/juxtaposition d'images qui d'un même corps accumulaient les points de vue (*Illusion n° 7*), d'un même point de vue d'infimes variations (*Illusion n° 5*), d'un même détail — l'œil/les yeux —juxtaposaient et accumulaient différents points de vue, voire différentes images (*Séquence n° 6* et plus tard *Parfum* reprennent ce procédé). Jusqu'au titre même d'une de ces séries, *Séquence*, à la référence certainement évocatrice.

Dépassant l'allusion, l'installation *Voices of Reason/Voices of Madness* fait intervenir deux projections d'images. En fait, l'une de celles-ci est plutôt un photogramme. Plus de doute ici, le format équivaut à celui d'un écran de cinéma. Issu d'une expérimentation cinématographique précédente en 16 mm, ce photogramme en noir et blanc — l'utilisation de la couleur en rapport avec le noir et blanc chez Cadieux s'apparente beaucoup à celle du cinéma — se voit en quelque sorte

5. Bonitzer, Pascal, *op. cit.*, p. 7.

6. «Au sein de l'échelle des plans, le gros plan serait celui qui hériterait des qualités et des propriétés de l'image photographique, et ce bien au-delà d'un strict rappel de la technique qui le fonde.» Marc-Emmanuel Mélon, «Quand les fantômes viennent à notre rencontre...», *Revue Belge du Cinéma*, *op. cit.*, p. 77.

7. «Écrans de réflexion», *Parachute*, n° 56 (oct./nov./déc. 1989), p. 20. — Une interview de Jean Papineau.

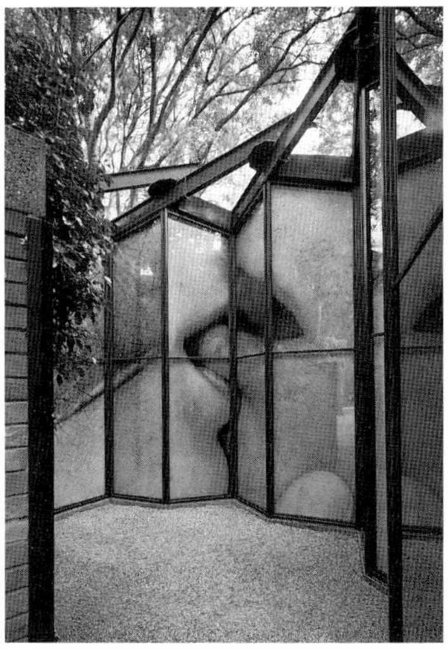

«réactivé» par le biais d'un dispositif électronique : l'image oscille alors, quittant la focale et y revenant constamment. (Plus tard, *Hear Me with Your Eyes* utilisera un autre photogramme extrait de ce même film).

D'autre part, évoquant encore le cinéma mais d'une autre façon, il y a aussi, reliés toujours à leur format de présentation, plusieurs travaux qui font appel à des images depuis longtemps identifiées à cet art et consacrées par lui. Si le visage en général[8] et le regard en particulier sont de celles-ci, la représentation du baiser, figure emblématique par excellence du cinéma, est au cœur d'une œuvre importante de l'artiste.

Ayant pour titre *La Fêlure, au chœur des corps*, cette œuvre, dans sa version installation qui prenait place dans la vitrine du pavillon canadien à Venise, présentait des exigences particulières pour le spectateur. D'abord, à cause du lieu d'exposition choisi, à l'accès relativement tortueux et qui imposait de difficiles angles de vue; d'autre part, suite aux découpes de l'image en plusieurs sections, que commandait aussi ce lieu, et à cause du caractère presque abstrait de ces agrandissements photographiques où se confondaient le grain même de la photo et le grain de la peau (l'image reproduite), non seulement le spectateur était-il progressivement et physiquement amené à l'image, mais il lui revenait presque de la reconstruire, d'en faire une «lecture active».

Dans ce procédé fort singulier d'agrandissement, de découpage, puis de «reconstruction» de l'image, pourrait bien se profiler le procédé cinématographique lui-même : par sa découpe de la réalité, et dans la manipulation qu'il en fait, de même dans ce que le montage — «tentative illusoire de reconstruire l'ordre de la réalité[9]» — continue d'exiger parfois de la part du spectateur.

Enfin, tout comme dans son emploi au cinéma, le gros plan photographique, dans le travail de Cadieux, tend à déborder dans une sorte de hors-champ[10]. (Cette cicatrice, cette ecchymose, quelle partie du corps occupent-elles ? Que sont-elles par rapport au corps ? Sont-elles les seules à y apparaître ? Et ce corps, est-ce celui d'un homme ou d'une femme? Ce visage, ce regard, à quel type de corps sont-ils rattachés? Et ce corps, quelle pose a-t-il? Afficherait-il d'autres de ces signes de douleur (?) que le visage exprime?) «Prendre une photographie, c'est trancher dans la continuité du réel. Tout ce qui est pris dans le cadre se poursuit en dehors de lui, et le regard que l'on porte sur une photo ne peut que percevoir ce manque[11].» À la vue d'un gros plan, l'imaginaire se voit tout de suite stimulé. Vouloir s'en tenir strictement à ce cadre est virtuellement une impossibilité.

En conséquence, si on peut dire du gros plan au cinéma qu'il est à la fois «point essentiel» et «point limite», véritable «nœud» dans le phénomène cinématographique, comme le propose Richard Martin[12], à vrai dire, qualité oblige, il saurait difficilement en être autrement dans le travail photographique de Geneviève Cadieux. Nœud de contradictions, de paradoxes au cinéma, le gros plan chez Cadieux, brièvement considéré — le visage entre autres, l'agrandissement de détails anatomiques, de parties du corps, etc. —, risque fort de correspondre aux conclusions auxquelles

8. «Notre travail commence avec le visage humain [...] La possibilité de s'approcher du visage humain est l'originalité première et la qualité distinctive du cinéma.» (Ingmar Bergman.) Cité dans Gilles Deleuze, *L'Image - Mouvement*, Paris, Les Éditions de Minuit, 1983, p. 141.

9. Mélon, Marc-Emmanuel, *op. cit.*, p. 77.

10. «Mais en même temps, aussi efficace et extrême que puisse être ici l'effet d'écrasement, on voit bien aussi qu'il y a justement in extremis dérobade. [...] C'est l'imaginaire du spectateur qui seul est vraimenet visé et touché. [...] Bref on a beau pousser plus avant la puissance dévorante du GP, son véritable point limite, son absolu théorique, ne peut en rien être effectivement inscrit dans l'ordre de la représentation. Il est ontologiquement irreprésentable. Il est le hors-champ dans ce qu'il y a de plus aveugle. Sa puissance tient très exactement à cela.» Dubois, Philippe, «Le gros plan primitif - À propos de *L'Arrivée d'un train en gare de La Ciotat*, de Louis Lumière», *Revue Belge du Cinéma*, *op. cit.*, p. 31.

11. Mélon, Marc-Emmanuel, *op. cit.*, p. 77.

12. Martin, Richard, «Effets et paradoxes d'un plan-limite», *Revue Belge du Cinéma*, *op. cit.*, p. 37-45.

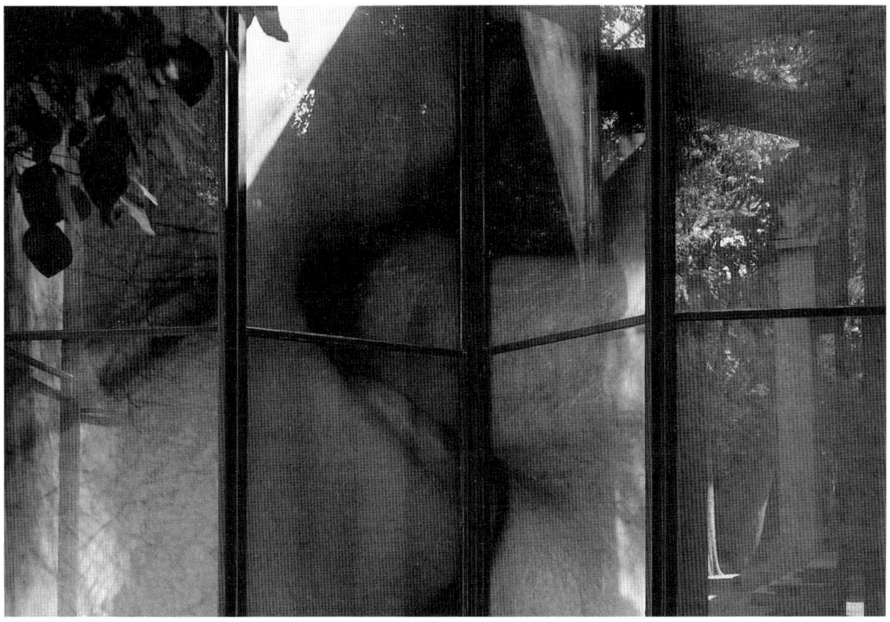

La Fêlure, au chœur des corps, 1990
Installation, Biennale de Venise
Photos : Claudio Franzini

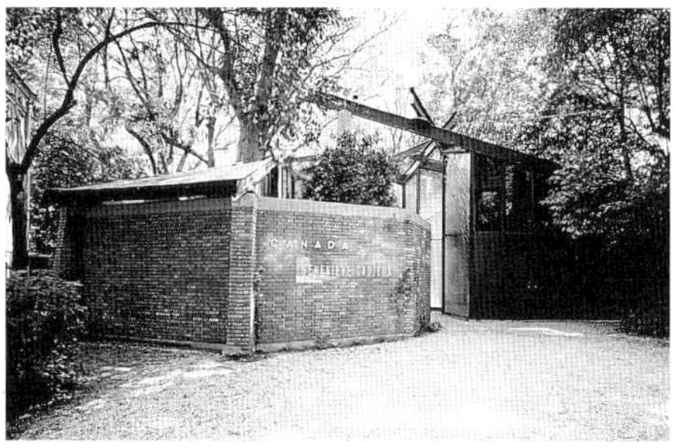

l'auteur en vient : le gros plan est un volume qui est une surface; il met à distance dans la proximité; il abstrait le concret et concrétise l'abstrait; enfin il produit un «effet déréalisateur» quand il vise un effet de réel[13].

★

> «Le gros plan du visage est aussi l'un des premiers gros plans apparus sur l'écran, l'une des premières obscénités à avoir crevé l'écran. Ce gros plan originel jouait déjà un rôle apotropaïque sur le spectateur : l'une des faces de ce rôle étant la fonction aptique, l'autre sa fonction répulsive[14].»

> «Voilà bien la double obscénité, celle de l'objet filmé (le baiser) et celle ("bien pire", proprement inadmissible, aveuglante, irregardable) du filmage (la répétition et surtout le gros plan, conçu comme agrandissement, grossissement, amplification, exagération). C'est cette démesure ("gargantuesque") qui est finalement insupportable[15].»

De fait, le visage et le baiser, tels qu'ils apparaissent chez Cadieux par le biais du gros plan, font partie de l'histoire du cinéma. Mais ils font également partie de l'histoire de l'obscénité au cinéma, dont ils constituent les clefs pour la compréhension de ce qu'elle est devenue aujourd'hui. Ainsi, au tout début il y eut le cinéma, mais simultanément il y eut l'obscénité au cinéma. Cette dernière tenait essentiellement à deux facteurs : la présentation (publique) de l'intimité d'abord, sous la forme d'un agrandissement, et le grossissement de ce qui était présenté, d'autre part[16]. «Car l'agrandissement propre au gros plan est comparable à l'effet que produit la grosseur, à un effet que produit toute grosseur : un effet *d'obscénité*[17].»

13. *Ibid.*

14. Delvaux, Claudine, «Propositions pour un système des objets (en gros plan) chez Alfred Hitchcock (première partie)», *Revue Belge du Cinéma*, *op. cit.*, p. 62.

15. Dubois, Philippe, «Le gros plan primitif — Le baiser, le gros plan : la double obscénité», *Revue Belge du Cinéma*, *op. cit.*, p. 15.

16. *Ibid.*

17. Martin, Richard, *op. cit.*, p. 41.

L'obscénité au cinéma, comme en photographie d'ailleurs, jusqu'à aujourd'hui, s'en est surtout tenue au corps. Les lentilles des caméras et appareils photographiques se sont littéralement collées à celui-ci. Ainsi, plus que les situations où ils évoluaient, la pornographie s'est mise à exploiter et exploite toujours des corps; leur intimité physique bien sûr, mais à travers eux également, une gamme choisie et restreinte de sentiments reliés, indistinctement parfois, au plaisir et à la douleur[18].

Dans cette exploitation obscène des corps qu'on préfère ici souvent anonymes[19], il y a un réel souci pour leur fragmentation[20]. Et ce sont ces fragments, ces parties de corps démesurément grossies, agrandies, qui feront l'objet d'images autonomes, c'est-à-dire de gros plans. Parmi ceux-ci, les organes sexuels bien sûr, mais aussi l'anus, la bouche, les mains, autant de fragments reliés à l'effet pornographique qui réside finalement, comme le fait remarquer René Payant, dans l'écriture parcimonieuse de la sexualité associée à ces quelques éléments[21].

Et pourtant, malgré l'étroitesse et la spécialisation de son vocabulaire, ce monde des images reliées à la pornographie (vers lequel nous bifurquons momentanément) n'est pas sans être évoqué, avec toutes les nuances qui s'imposent, dans l'art de Geneviève Cadieux : en particulier dans certains aspects formels que ses œuvres révèlent, certains éléments de vocabulaire — la bouche, les mains, la peau... —, certaines de leurs connotations incontournables, mais également dans le choix de stratégies en regard de l'image, et dans quelques-uns des effets qui s'ensuivent.

Ainsi, tant en pornographie (et en particulier peut-être dans la pornographie homosexuelle) que dans l'art de Cadieux, dans cet emploi des fragments du corps qui constituent l'entièreté de ce qu'il y a à voir, dans leurs agrandissements, le cadrage fera en sorte, à certains moments, d'amener l'image aux limites de sa lisibilité, décuplant alors son potentiel d'ambiguïté. De façon presque accidentelle pour la pornographie, cela s'inscrira paradoxalement dans une volonté de montrer toujours plus, de présenter son objet sans artifice, le plus simplement possible «sans équivoque, sans double sens, pour dire clairement que la chose est ici sous le regard (touchée par l'œil)[22]». De façon délibérée chez Cadieux, par ailleurs, cela fera partie d'une stratégie complexe de déstabilisation du spectateur où, dans les limites de son cadre, l'image qui tout à la fois s'adresse aux émotions et convoque le champ symbolique, n'en acquiert pas moins la stature d'un signe.

Incidemment, cette «manière» dorénavant bien identifiée à l'art de Cadieux est source d'un rapprochement supplémentaire — qui aurait pu également exercer une influence sur le langage formel pornographique au cinéma, il faudrait voir. Il s'agit de ces procédés de grossissement et de morcellement des signes employés par les avant-gardes en art au vingtième siècle, et dont Man Ray est certainement une des figures les plus fortes. Une filiation que Cadieux n'a jamais reniée, bien au contraire, elle dont une œuvre au moins, *Éclipse* (et de façon plus allusive, *Amour aveugle*, *La Voie lactée*), emprunte le motif d'un tableau connu de cet artiste (*À l'heure de l'Observatoire - Les Amoureux*). Dans l'esprit de ces avant-gardes, le gros plan — qui entretenait également une ambiguïté au niveau de la représentation — relevait d'une conception

18. Comment ne pas songer ici à deux œuvres de Cadieux, *Voices of Reason/Voices of Madness* et *Hear Me with Your Eyes* où l'ambiguïté des sentiments exprimés par le visage féminin est particulièrement flagrante : douleur ou plaisir...

19. Durand, Régis, «Donner un corps à la vision», *Art press*, nº 147, (mai 1990), p. 37. Concernant l'œuvre de Geneviève Cadieux, l'auteur fait remarquer avec à propos qu'il y a une difficulté à faire coïncider un corps matériel et une identité.

20. Martin, Richard, *op. cit.*, p. 41.

21. Payant, René, *Vedute : pièces détachées sur l'art, 1976-1987*, Laval, Éditions Trois, 1987, p. 238. Pour l'auteur, cette fragmentation du corps est un élément formel du dispositif pornographique.

22. *Ibid.*, p. 236.

terroriste. Nouvelle pour l'époque, cette façon procédait «d'une violence faite à l'espace indifférencié, à l'homogénéité des corps», et ne laissait aucun choix à l'œil des spectateurs[23].

Généralement, cette violence du gros plan est toujours opérante chez le spectateur, ne lui ménageant aucune échappatoire à la vue de ces parties de corps qui emplissent tout l'espace[24]. C'est le cas en pornographie. C'est le cas également chez Cadieux dont l'art a su garder toutefois l'ambiguïté et ce côté terroriste propre à certaines de ces images émanant des avant-gardes.

À cette violence de l'image s'en ajoutera une autre, qui vient en prolonger et en soutenir les effets. Celle-ci, non seulement intègre le spectateur, mais en pornographie, elle l'assujettit, lui «assigne des positions et des rôles» : «La situation serait pornographique non parce que l'image dit "regarde ceci" (que tu désires voir ou non), mais "regarde *comme ceci* ce que voici"[25].»

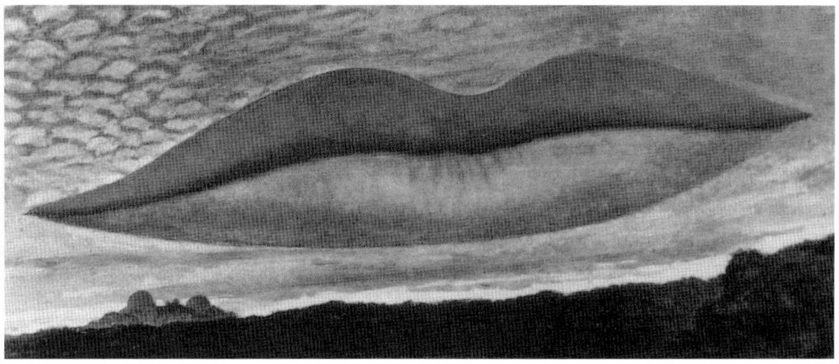

Man Ray
À l'heure de l'Observatoire — Les Amoureux,
1932-1934

Moins extrémiste, l'inclusion du spectateur dans plusieurs œuvres de Cadieux (dans *Voices of Reason/Voices of Madness*, dans *Hear Me with Your Eyes*, et un peu différemment dans *Trou de mémoire, la beauté inattendue* ou *Éclipse*) n'en est pas moins inévitable pour lui, dans la place que lui assigne le dispositif d'exposition. Régis Durand fera remarquer que «lorsque Geneviève Cadieux parle de son désir de *redonner du corps à la vision*, il faut sans doute d'abord l'entendre ainsi : faire en sorte qu'il n'y ait plus de regard détaché et indifférent, et que le spectateur ne puisse percevoir autrement qu'en engageant son corps, qu'il devienne lui-même corps pour ces visages et faisceaux de lumière au milieu desquels il se trouve[26].»

Enfin, dans l'utilisation de détails anatomiques, si la vision excessive (le grossissement) équivaut à son manque généralement, il s'avérera que, bien que voisin, le procédé marquera rapidement, en pornographie, les limites d'un genre. Chez Cadieux cependant, à travers une image méticuleusement choisie, savamment cadrée, mesurée, complexe, troublante aussi, le procédé octroie à la photographie son statut d'œuvre d'art en lui ménageant une ouverture à une variété de champs : poétique, symbolique, psychanalytique.

Car s'il y a aliénation des parties par rapport au corps dans le processus pornographique — les parties deviennent tout —, s'y fait surtout ostentatoire l'absence de la chose présentée. Le dispositif est tel, qu'hypertrophié, exacerbé, «jusqu'à exclure tout détail hétérogène», l'objet pousse le désir du spectateur à son paroxysme, lui qui «n'en peut plus de voir ça, tout ça, rien que ça[27]». Reposant sur un leurre, l'expérience du manque est ici à son comble. La promiscuité proposée est à la mesure des frustrations qui en résultent; l'attraction exercée n'a d'égale que la mise à distance qui y est vécue.

Chez Cadieux, jamais le grossissement de la partie ne vient faire oublier le tout (ce qu'on pourrait appeler, un peu pompeusement, le corps et l'âme). Bien au

23. Bonitzer, Pascal, *op. cit.*, p. 7.

24. Payant, René, *op. cit.*, p. 236.

25. *Ibid.*, p. 235.

26. Durand, Régis, *op. cit.*, p. 36-37. L'auteur rapporte ici les paroles de l'artiste.

27. Payant, René, *op. cit.*, p. 241.

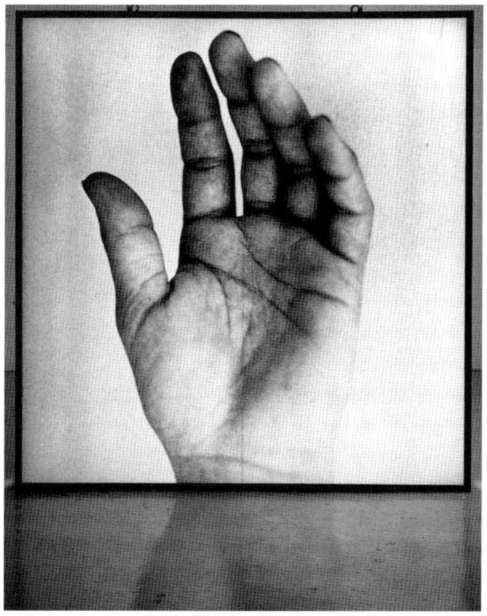

contraire, l'un et l'autre sont ici unis dans une connivence à la fois métonymique (cette ecchymose, cette cicatrice portent le corps et l'âme), et métaphorique (cette ecchymose, cette cicatrice nous renvoient à un autre type de meurtrissure et de blessure). La tension est ici différente. Elle n'y est pas tant physique qu'émotionnelle. Le corps bien sûr est interpellé, mais avec ses émotions, ses désirs, sa mémoire, ses craintes, ses angoisses, etc. : chair, sensibilité, intelli-gence confondues.

Ultimement, dans l'œuvre de Cadieux, dans son emploi recherché et exclusif du corps (même lorsqu'il «brille» par son absence : *À fleur de peau*), dans son exploration d'un langage qu'elle ne cesse d'amener à ses limites (*Trou de mémoire, la beauté inattendue*, *La Voie lactée*, *Blues*), dans son audace, son intransigeance, dans sa volonté aussi de repousser les limites (du représentable, du lisible, etc.), comment ne pas percevoir cet extrémisme que Susan Sontag, avec beaucoup d'à-propos, a vu dans la pornographie (en littérature particulièrement) et qu'elle a reconnu comme moteur de l'art moderne, en quelque sorte, à travers ses grands courants et ses figures de proue[28]. C'est à de semblables sources que nous fait remonter, avec pertinence, la photographie de Cadieux.

★

Dans l'élaboration de son travail, le choix qui est fait par l'artiste d'une partie de corps entraîne inévitablement sa surdétermination. Par le soin extrême apporté au traitement de ce fragment, à travers le médium photographique — on l'a dit, son cadrage mais aussi les manipulations diverses, intervenues ou non, selon le cas, au cours du processus de développement, etc. —, ce fragment atteint à une telle saturation qu'il devient un authentique signe. Dans la multiplicité de ses interventions, dans leur ostentation, dans la manière qu'elle a de manifester sa présence, bien que celle-ci soit occulte, Cadieux devient une sorte d'admoniteur[29] de ses œuvres. Le spectateur se sent ainsi interpellé. Quelque chose lui est désigné, à travers procédé et dispositif. Son attention est monopolisée. Pour un temps, le spectateur est happé et s'agglutine à ce fragment «saturé» qui, irrésistiblement, le projette dans une sorte de «hors-champ», de «champ aveugle[30]».

Apprêté de la sorte, le gros plan, chez Cadieux comme au cinéma, devient un lieu charnière, un «point de vacillement». «Encore rattaché à la série ordonnée, au corps de la scène centrale» en cinéma, «puisqu'il en est le terme ultime[31]», il est la figure contenue qui seule, chez Cadieux, émerge d'une fiction inextricable — toutes émotions et toutes douleurs confondues — qui n'a ni commencement, ni aboutissement. Noué sur lui-même, il est encore un lieu de béance, source de discours, mais

28. Sontag, Susan, «The Pornographic Imagination», *Partisan Review*, XXXIV (2), p. 181-212.

29. Personnage qui, dans certains tableaux de la Renaissance «s'adresse» au spectateur et l'invite, l'induit à la lecture du tableau, entre autres; il prend à partie et désigne ce qu'il y a à lire.

30. Barthes, Roland, *La Chambre claire*, Paris, Éditions de l'Étoile, Gallimard / Le Seuil, 1980, p. 91-92.

31. Dubois, Philippe, *op. cit.*, p. 21.

jamais comblé, jamais résolu par eux et qui, toujours, renvoie le spectateur à son propre désarroi, véritable hors-champ de ces gros plans. Ici la photographie est une blessure[32]. C'est un peu Œdipe payant de son aveuglement la connaissance.

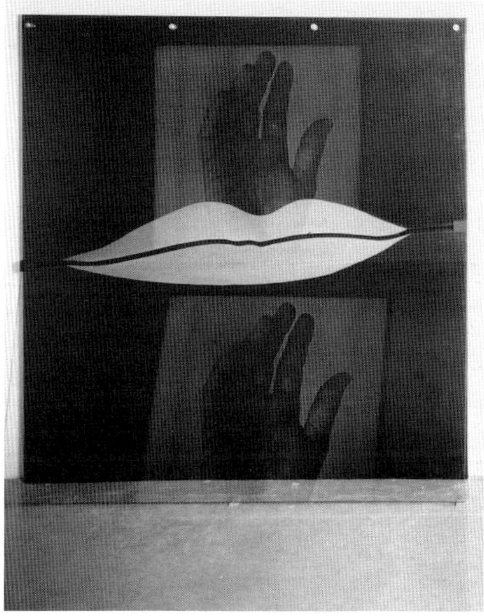

Éclipse, 1990
Photos : Louis Lussier

Comme au cinéma, le gros plan mène ici aux extrêmes, et nous en fait vivre tout l'inconfort. «L'image s'y présente à son plus haut degré d'ambivalence, attraction et répulsion, séduction et horreur[33].» «Craindre ou désirer, dévorer ou être dévoré, c'est le même travail pulsionnel qui opère. Dans un sens ou dans l'autre, il s'agit toujours de crever l'écran, d'en faire un lieu de passage entre deux univers incommensurables[34].»

Et cette image, «c'est l'évanouissement de toute représentation[35]». Une telle importance est donnée à la surface que se confondent surface du corps et surface photographique. C'est précisément là, à ce point limite, qu'il y a passage à l'imaginaire, interpellés que nous sommes dans notre corps et sa mémoire : nœud où s'accumulent les paradoxes, le gros plan devient ce volume qui est une surface, qui met à distance dans la proximité, qui abstrait le concret et concrétise l'abstrait[36]...

Dans ce chant de sirène qu'est l'agrandissement d'un fragment, d'un détail en photographie, nous voilà donc submergés, envahis, mais aussi empêtrés dans ces surfaces confondues d'un corps et de son support photographique. Ce gros plan (tel qu'il apparaît chez Cadieux, dans la prestance physique de sa présentation) nous invite à son propre dépassement, et il nous prend surtout (nous méduse) par sa physicalité irrésistible qui nous confronte avec une difficile et paradoxale expérience d'un manque (davantage métaphysique ici). En ce sens le gros plan soustrait à la vue.

C'est que le traitement de l'image chez Geneviève Cadieux, et l'œuvre qui en résulte, agissent à la manière d'une peau qui, en définitive, ne serait pas le véritable «objet» désigné ou à voir par la photographie, mais plutôt qui permettrait de le révéler, comme dans le processus photographique. La photographie serait ici, à travers la singularité de son vocabulaire et de ses choix esthétiques, un moyen d'accéder à ce qui ne peut être vu, à ce qui ne peut être touché par l'œil. Ce qui est offert à la vue n'est finalement lu et véritablement vu que par les émotions. L'œil ici a atteint ses limites. La pulsion scopique déclenchée par ces images ne peut se voir comblée qu'au niveau de l'affect.

De façon allusive, l'image chez Cadieux est littéralement une impression, une empreinte, qui réfléchit et qui donne à voir une absence. Virginia Woolf, dans l'élaboration d'un de ses premiers romans importants, *Jacob's Room*, recourra à un tel procédé. L'œuvre est littéralement construite autour d'un personnage absent, mort en fait, dont le portrait (coïncidence tout de même), par petites touches, allusivement,

32. Barthes, Roland, *op. cit.*, p. 42.

33. Bonitzer, Pascal, *op. cit.*, p. 8.

34. Dubois, Philippe, *ibid.*

35. Bonitzer, Pascal, *ibid.*

36. Martin, Richard, *op. cit.*, p. 37 à 45. Précisons aussi qu'en pornographie, la limite atteinte mène au manque physique et à la frustration.

nous est peu à peu révélé, à travers d'autres personnages qui l'ont connu ou par la description de lieux et d'objets qui ont été les siens.

Nous sommes ici au royaume du regard oblique où ce qui doit être vu ne peut jamais l'être directement, mais toujours obliquement, par réflexion ou par l'empreinte qu'y laissent ses contours. C'est un peu Méduse, figure mythologique monstrueuse que le regard humain ne peut supporter qu'à travers sa réflexion, sous peine d'encourir la mort par pétrification. Encore que ce qui est vu est déjà difficilement soutenable.

Différemment, c'est aussi le rêve souvent troublant qui, par son interprétation en psychanalyse, fait voir ce qui ne pouvait être vu autrement. Au cinéma — où les exemples sont nombreux — c'est la détresse d'un personnage joué par James Dean, dans *À l'est d'Eden*, dont l'ampleur ne peut être vraiment rendue qu'en nous en dérobant les signes habituels convenus (généralement lus sur le visage) : la tête dans le bouquet d'un arbre, seul le corps indique dans son mouvement limité de va-et-vient l'immense et insoutenable douleur (irreprésentable en fait) du personnage.

Voilà autant de moments où nous sommes rendus aveugles à ce qui aurait dû être vu. Nous sommes confrontés plutôt à des images (à une manière telle dans l'exercice de la représentation) qui, tout en produisant un effet, tout en déclenchant l'émotion, cachent à la vue. Et ce n'est finalement que par ce détournement, ce fil d'Ariane qu'est l'émotion, qu'un véritable accès à la représentation nous est rendu possible. Le «choc» qu'entraînent les images de Cadieux, l'inconfort qui en est souvent ressenti, le malaise, l'émotion qu'elles suscitent, n'agissent pas autrement. Ces agrandissements, ces grossissements, généralement destinés à mieux voir ou qui suppléent à une faiblesse de la vue, rétrécissent jusqu'au trouble le regard qu'on y porte. Ce moment où nous sommes devenus comme aveugles, ramenés à nous-mêmes, c'est paradoxalement celui où l'œuvre s'ouvre et donne accès à sa dimension.

Indispensable à la «représentation», l'image est en fait une voie de passage menant bien au delà de ce qu'elle donne vraiment à voir : elle vise d'autres yeux rendant les nôtres impuissants à voir vraiment[37]. Un peu comme au cinéma, une fois encore, où «le gros plan serait comme une photographie, une image étrange et ambiguë fusionnant l'absence et la présence, la vie et la mort; le gros plan serait ce pont au delà duquel les fantômes viennent à notre rencontre[38].»

Sorte de carrefour, les images de Cadieux viennent tout bousculer, tout brouiller; jusqu'à confondre les sens et leur fonction, jusqu'à prêter à l'un la fonction de l'autre, jusqu'à relayer l'un par l'autre si besoin est : «Hear Me with Your Eyes»[39]. Ce qui doit être vu nous aveugle, afin de mieux nous toucher[40]. Étrangement, Roland Barthes avait la certitude que le corps photographié venait le toucher de ses propres rayons, et non d'une lumière surajoutée[41].

Dans la suite de la fonction complexe et paradoxale réservée à l'image chez Cadieux (telle qu'on l'a montrée), le titre, dans certains cas, seul ou dans son rapport à la photographie, vient donc poursuivre ce qui a été mis en place dans l'œuvre, doublant ce qui en général s'y joue — le déplacement. Partie prenante de l'œuvre, le titre fait de la permutation des sens une voie (voix) supplémentaire à son approche :

37. Dans les œuvres légèrement ou plus lourdement défocalisées (*La Voie lactée*, *Voices of Reason/Voices of Madness*) — dans d'autres encore, comme dans des variations des précédentes — où l'agrandissement photographique ramène à l'avant-plan le grain de la photo rendu trop présent, il y a déjà comme une indication, comme une incitation à «voir autrement».

38. Mélon, Marc-Emmanuel, *op. cit.*, p. 77.

39. Hinant, Guy Marc, et Kutzner, Pierre, «Percées», *Revue Belge du Cinéma*, *op. cit.*, p. 94. «Très Gros Plan de Liv Ullman dans *L'Heure du Loup* (*Vargtimmen*, 1967), I. Bergman — le cinéaste lui avait indiqué pour cette scène silencieuse "d'écouter avec la bouche". Le visage se donne avec son ombre, c'est-à-dire avec ses doutes, essentiellement, avec ses non-réponses à une ou deux questions inlassables. L'entière surface de l'écran est cette texture de peau mêlée à la matière-pellicule, grains mêlés de pellicule et de peau. Extrême du sensible, limites, inévitables percées.»

40. Ce qui d'une certaine façon rappelle le mot de Roland Barthes qui disait que pour lui l'organe du photographe, ce n'est pas l'œil, c'est le doigt. *Op. cit.*, p. 32.

41. *Ibid.*, p. 128.

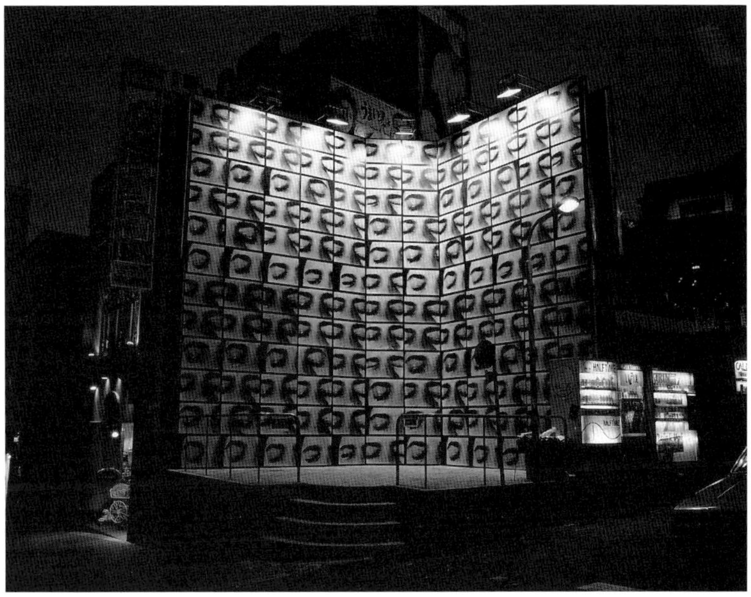

Roppongi Project, 1992
Photo : Masayuki Hyashi

Hear Me with Your Eyes est un bon exemple bien sûr, mais également *Parfum*, relié ici à la représentation d'yeux.

Ou encore, comme une variation de la limite rapidement imposée par l'image, sorte de choc, sorte d'interruption abrupte survenue dans sa lecture (le souffle coupé), comme dans une variation du déplacement/cassure qui intervient alors, d'autres titres d'œuvres, sous une forme davantage métaphorique, viennent faire écho au phénomène : *La Blessure d'une cicatrice ou Les Anges*; *La Fêlure, au chœur des corps*; *Trou de mémoire, la beauté inattendue*.

★

Lorsqu'enfin, chez Geneviève Cadieux, le spectateur a été confronté à la singularité de l'image, lorsqu'il a été submergé par elle mais en même temps tenu à distance, lorsqu'il s'est cogné à son impénétrabilité, lorsque son regard s'est fermé sur elle et que simultanément, il a été touché par elle, accédant tout à coup à cette autre dimension que, paradoxalement, elle seule permet, lorsqu'enfin cet évanouissement de la représentation atteint le spectateur, l'émotion prend le relais,visant chez chacun faiblesses, angoisses, zones d'ombre. Et c'est dorénavant à ce niveau que l'œuvre se prolonge, débordant du même coup dans le champ symbolique[42].

Cette image bien particulière, c'est ce que Gilles Deleuze nomme l'image-affection; une image arrachée aux «coordonnées spatio-temporelles pour faire surgir l'affect pur en tant qu'exprimé[43]». L'appellation est ici encore réservée au cinéma; elle concerne le gros plan cinématographique. Mais elle vaut aussi, nous semble-t-il, pour ces images que l'artiste crée, les plus cinématographiques de la photographie actuelle.

Car, de même que le cinéma vise indirectement à la photographie, dans la photographie de Geneviève Cadieux est continuellement entendu le murmure du cinéma.

42. Les images chez Cadieux sont toujours très chargées symboliquement : la bouche, les yeux, les mains, la blessure, les couleurs aussi, sont autant d'éléments qui viennent enrichir le sens de ses œuvres.

43. Deleuze, Gilles, *op. cit.*, p. 125 à 172.

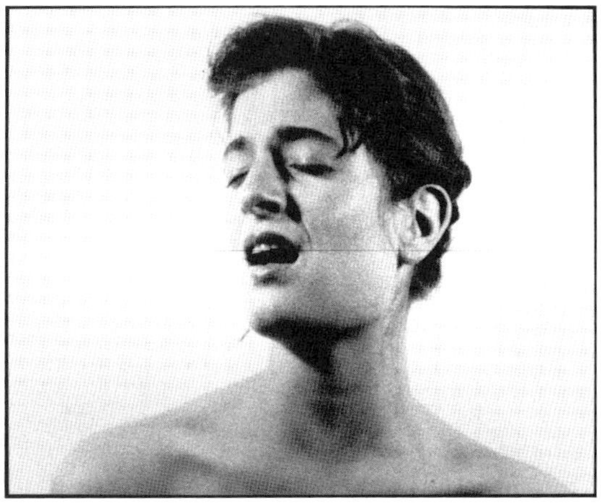

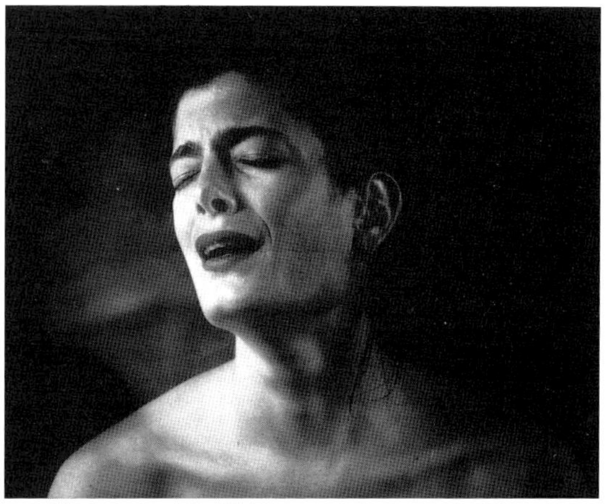

De la place et de l'absence du corps

Jacinto Lageira

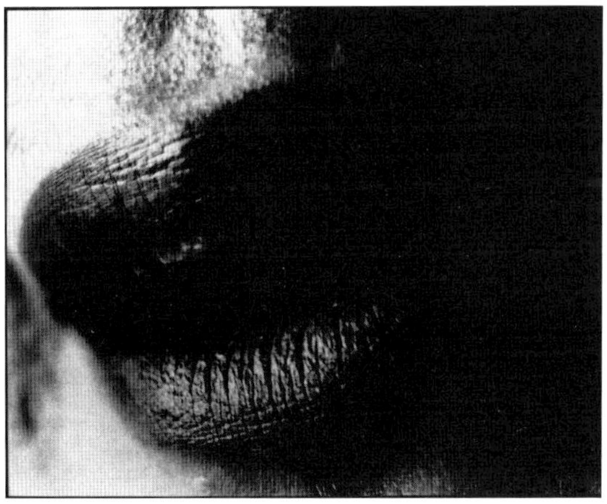

Hear Me with Your Eyes, 1989
Coll. : Musée des beaux-arts de Montréal
Photo : Louis Lussier

Si la photographie est l'un des nombreux moyens qui permettent de saisir un moment de vie, ou plutôt l'image de ce moment, les œuvres d'art accomplies grâce à cette technique sont l'antithèse de la vie en ce qu'elles ne cherchent pas à rendre les choses et les êtres tels qu'ils sont, mais à faire exister une autre réalité à partir de celle où elles puisent leurs sujets. Arrachés à leur identité individuelle, organique et achevée, lorsqu'ils passent au stade de l'impression d'un flux de photons sur un film, ces derniers ne sont plus seulement la reproduction d'un corps quelconque, la trace d'un objet ou d'une personne, mais valent pour eux-mêmes comme s'ils n'avaient pas de référent. Non pas que les choses reportées sur la pellicule, *devenues* une œuvre particulière par simple transformation chimique et par un acte artistique, soient coupées de leur source physique; cela est dû à ce que l'image photographique ne renvoie pas directement au monde réel, mais à la signification esthétique que nous construisons lors de leur mise en rapport. Le portrait d'une personne ou d'un fragment de corps ne sont dans une œuvre d'art que la mise en forme signifiante d'une partie du réel appréhendée comme image du réel. En composant à partir de telles images, Geneviève Cadieux n'exclut pas pour autant le référent, puisque l'œuvre nous en parle comme d'un vécu qu'elle met en scène. Par la vision photographique, ses œuvres font de cette transformation physique et mentale entre les corps et les objets du réel, comme du passage d'un vécu à sa signification esthétique, le sujet de son travail. Une telle démarche, commune à tout artiste travaillant avec ce médium, est ici au cœur de l'œuvre dans la mesure où le *déplacement* qui existe de fait entre le réel et son image est matérialisé dans l'image même. Ce déplacement se concrétise selon les modes principaux de la relation simultanée à l'empreinte naturelle et à sa reconstruction visuelle, dans lesquels la reconnaissance de ce qui a été photographié n'est que l'illusion entretenue de cette reconnaissance; ainsi, le déplacement est déjà toujours visible. À partir de ces images des choses et des êtres perçues selon des codes visuels précis, entièrement différents de ceux avec lesquels on appréhende le réel qui en fut l'origine, comment peut-on relier ces deux sphères dissemblables, sachant que l'apparence de la chose reproduite possède elle aussi un autre degré de réalité, ou encore que l'image de soi peut devenir l'un des objets manipulés par la photographie? Que reconnaît-on véritablement de soi-même et des autres dans l'image artificielle des corps photographiés? Ne comprenant pas plus de sujets ou de thèmes que la peinture au cours de son histoire — nature, personnes, objets —, la photographie entretient avec eux un rapport particulier à cause d'un certain degré de réalisme dont on la crédite. On a beau savoir qu'une image de corps n'est pas un corps, le référent photographié demeure problématique. Cela est très net dans ce rapport privilégié, car on ne peut imaginer, par delà les expérimentations plus ou moins réussies dont on a vite fait le tour, un art photographique — ou un cinéma — sans le corps. Pourquoi doit-il être le sujet fondamental de la photographie? Sans doute à cause d'une certaine objectivité technique qui rapproche celle-ci de notre vision naturelle, la photographie est un médium qui permet de mettre au jour un rapport inédit à notre corps, qui n'est rien d'autre que le déracinement de la réalité du référent transportée dans la sphère hétérogène de l'image artistique. Par suite de certaines conditions naturelles et artificielles, telles que la lumière ou le cadrage, un corps réel est nécessaire afin d'obtenir un corps photographié, mais de ce réel préexistant ne naît pas forcément une autre réalité qui puisse être mise sur le même plan. Des différenciations sensitives, interprétatives et évaluatives, séparent le référent de son image, malgré leur connexion matérielle de départ. Ces questions qui peuvent sembler au premier abord générales et abstraites, se retrouvent concrètement dans les œuvres de Geneviève Cadieux et en constituent un trait essentiel à l'intérieur même des données optico-chimiques de la photographie. Parvenir à couler une pensée esthétique dans une technique étant somme toute assez rare dans l'art actuel, il était intéressant — après d'autres travaux ayant dégagé les significations explicites ou implicites de cette œuvre[1] — de voir comment certaines idées prennent forme dans l'image. De quelle manière l'arrachement du corps à la gangue de sa réalité, de son devenir et de son désir, quitte à lui faire violence par des coups ou à le dématérialiser, est la tentative de répondre à cet écart symbolique qui a lieu lors du passage d'un corps à son image photographique.

1. Notamment, Chantal Pontbriand, «Le langage est une peau», *Geneviève Cadieux, Catalogue de la XLIV Biennale de Venise*, Montréal, Parachute; Musée des beaux-arts de Montréal, 1990.

Le corps imprégnant

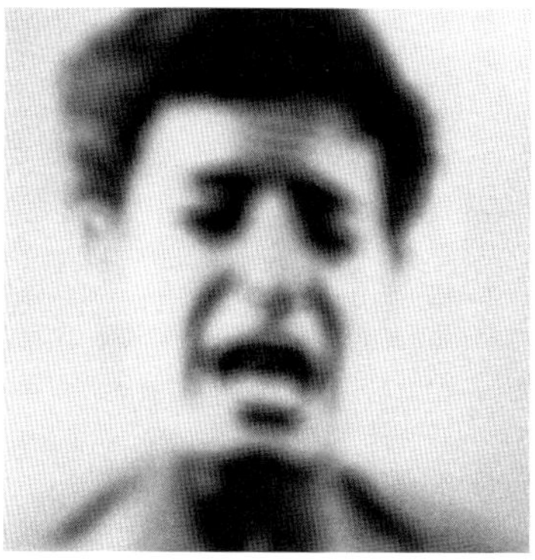

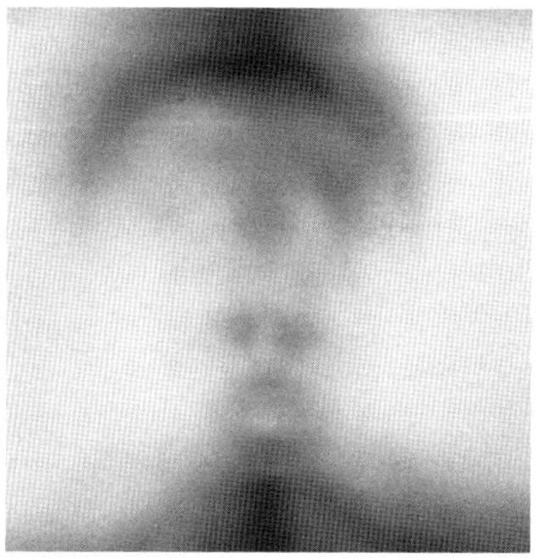

Voices of Reason / Voices of Madness (détail), 1983

Le fait que Geneviève Cadieux travaille le médium photographique de l'intérieur, dans le champ de ses conditionnements et de ses dispositifs, apparaît clairement dans l'utilisation obsessionnelle du «corps», que l'on pourrait prendre au sens propre comme au sens figuré. Par rapport au vocabulaire technique de la photographie — qui parle de l'existence nécessaire d'un «corps» réfléchissant la lumière pour qu'il y ait empreinte sur la pellicule —, le corps est ici compris dans son acception littérale et immédiate : il s'agit de nos corps. Puisqu'un «corps» réel doit être placé devant l'objectif pour qu'il y ait une image de lui-même, il serait tentant de croire qu'en manipulant la photographie, qui garde une trace de l'existence réelle de celui-ci, on accède à un instant de la vie de ce corps, à une phase de son développement. Pour obtenir le matériau premier de ses œuvres, notre artiste a bel et bien besoin d'un corps qui sera le point de départ de la fabrication de l'image. La présence inévitable du corps-modèle prend ici une importance particulière non plus à cause de nécessités techniques absolues et prédéterminées, mais à cause de l'investissement physique dans l'être et dans l'absence du corps, mis en avant par la photographie. Pour que la frontière entre l'objet et son image enregistrée puisse se dissoudre le plus possible *matériellement*, l'artiste transforme la nécessité physique et quantitative de la photographie en une image qui se présente comme volontairement reliée à son statut d'opération digitale. Elle est donc présentée comme telle dans une logique de l'art, et de cette présentification des données photographiques par l'œuvre et dans l'œuvre naît une convention plastique qui leur est étrangère. Les conditions optiques et chimiques trouvent dans ce détournement à la fois visuel et mental une raison d'être qui leur échappe en grande partie ou, du moins, qu'elles ne contiennent pas au départ comme acte esthétique.

L'installation *Voices of Reason/Voices of Madness* présente des phénomènes de ressemblance et de dissemblance, d'empreinte et de dissolution, dans deux projections qui apparaissent sur des murs en vis-à-vis. L'une, qui est une diapositive, présente un visage aux traits neutres; l'autre, photogramme d'un film de 16 mm, des traits exprimant la douleur. D'emblée, l'œuvre théâtralise l'enregistrement de l'imprégnant et son empreinte par des effets qui en appellent à des conditions distinctes lors du prélèvement du réel. Dans la seconde projection, la *photographie* du visage devient de plus en plus floue, fond sur elle-même, devient une immense tache lumineuse, et dans ce même mouvement le *visage* devient de plus en plus irréel et méconnaissable. Mais si le visage se transforme peu à peu sous nos yeux, cela demeure le même photogramme qui, lui, ne bouge pas. Avec cette œuvre, Cadieux semble vouloir faire jouer l'illusion d'une empreinte dont on pourrait transformer le référent sans agir aucunement sur elle-même. Pourtant, ce n'est pas l'empreinte qui se dissout mais *l'image d'une empreinte*, provenant elle-même d'un film. Dans cette reprise d'une image d'image où l'imprégnant n'est plus qu'un écho, nous suivons visuellement la disparition physique du visage à travers une empreinte inamovible. Bien que ni

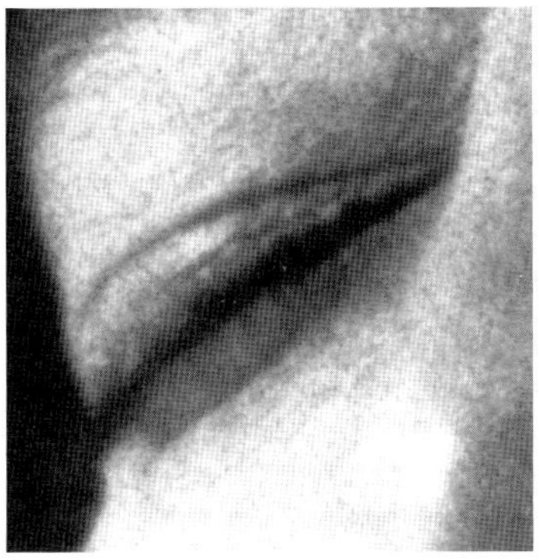

Hear Me with Your Eyes
(détails), 1989

l'empreinte ni l'imprégnant n'aient disparu de la photographie qui sert à la projection, ils s'effacent pourtant matériellement comme image à travers ce dispositif. Certes, il n'est point question d'atteindre physiquement le référent à travers la manipulation de son image mais, à considérer, pour l'instant, les seuls aspects matériels de l'image photographique, il n'en reste pas moins que, si la pellicule *est modifiée réellement par l'objet* qui lui est extérieur, modifiée par le corps du modèle placé devant l'objectif, Cadieux tente de détourner cette contrainte en modifiant physiquement l'image, et donc ses *modes d'apparition*, sans rien changer aux modes d'enregistrement préalables. Et c'est là un trait saillant du travail de l'artiste que d'avoir accepté la connexion physique inévitable pour la déplacer à l'intérieur d'un langage plastique où il est question du déplacement lui-même. Le corps compris comme l'imprégnant doit être mis en scène en tant que tel, en tant que référent singulier d'une image, d'abord saisie comme unique pour ensuite devenir multiple.

Dans l'œuvre *Hear Me with Your Eyes*, les deux visages si ressemblants, qui sont ceux de la même personne, frappent immédiatement par l'étrangeté physique de l'un à l'égard de l'autre, une étrangeté indiscernable qui se cache dans leurs traits et non dans les œuvres photographiques — aux couleurs et aux grains différents — comme si le changement ou l'anomalie n'étaient pas le fait de la manipulation plastique, mais avaient leur cause dans le visage même du modèle. Autrement dit, le référent semble s'être transformé réellement d'une photographie à l'autre. Mais qu'est-ce qu'*une transformation réelle* si elle n'est appréhendée que par son image? En donnant à voir une transformation que nous imputons au réel — puisque la photographie a bien enregistré la trace de ce qui apparaît —, nous sommes piégés dans l'espace-temps de l'empreinte photographique qui atteste *objectivement* d'un changement de ce corps pris comme référent. Cadieux nous renvoie ici aux conditions premières de toute photographie : un corps physique (humain) s'imprime sur un autre corps physique (la pellicule), la photographie de ce corps est dans une connexion physique directe avec lui et porte sa marque.

Du point de vue matériel, l'empreinte est indissociable du corps compris comme imprégnant. L'étrangeté des traits physiques que nous discernons entre les deux visages n'est donc pas due à un truquage de la part de la photographe — ce qui aurait pu, bien sûr, être le cas — mais se manifeste clairement comme l'empreinte des altérations subies par le corps. Le mystère d'une telle transformation a bien eu lieu dans le réel : il s'agit simplement de la même personne à dix ans d'intervalle. Le réel, ou le référent, ou le visage, ont vieilli. Mais cela, nous le savons à travers les photographies, qui restituent, pour ainsi dire, l'empreinte de référence. Celle-ci intervient également dans la photographie centrale sous une forme plus immatérielle, puisque l'on voit comme l'ombre portée du visage, la *trace* de son mouvement qui se présente comme *l'empreinte d'une empreinte*. Cette seconde empreinte est suffisamment ambiguë quant à ses modes de production : n'est-ce pas là un second visage superposé au premier ou s'agit-il du même visage en deux temps différents? En fait, lors de la prise de vue du visage, la trace de son mouvement a été conservée, de telle sorte que s'exemplifie l'enjeu même de l'empreinte photographique en tant que présence réelle et en tant que jeu d'illusion. Une seule prise, un seul visage, mais que la photographie redouble dans la *trace* de l'empreinte issue du même imprégnant lors de son mouvement. D'un autre côté, l'image met en scène sa capacité à renvoyer simultanément à un visage singulier réel et à une photographie qui ne lui ressemble pourtant pas. Que peut signifier «ressembler», si ce n'est d'un point de vue analogique et non plus digital? De même que nous supposons vraie l'existence d'un corps comme étant à l'origine de ce visage, nous supposons qu'il y a de ce fait une certaine ressemblance physique entre l'imprégnant et l'empreinte. Le raisonnement qui conduit de l'un à l'autre n'est cependant pas juste, car le premier n'est que l'objet comme cause de la trace, le second est un réagencement plastique (cadrage, gros plan, grain...) de l'empreinte qui n'a rien à voir avec le simple événement physique. Cependant, à l'intérieur des contraintes techniques et plastiques de la photographie, l'artiste superpose la ressemblance entre les deux visages à la ressemblance entre l'imprégnant et l'empreinte, créant ainsi un jeu presque tautologique entre réalité et fiction, car la ressemblance entre les deux visages n'est rendue possible que parce qu'elle est conditionnée par une ressemblance de fait entre le référent et son image. Mais comme l'imprégnant est du côté digital (le corps vivant) et l'empreinte du côté analogique (non le corps réel mais son «apparaître» à travers un dispositif qui sera interprété par quelqu'un), l'idée de ressemblance véhiculée par les signes photographiques se présente comme volontairement illusoire et n'a pas de validité «en soi». Interpréter l'image, c'est déjà lui donner un statut générique et non plus singulier.

En se situant au cœur du processus de déplacement des traces singulières vers des images génériques, des corps réels vers des corps signifiants, qui, bien que matériels, n'ont plus alors besoin de référents corporels, Geneviève Cadieux explore cette étrange expérience du corps de chair, d'os et de sang, se voyant incarné et reconnu sous une forme non vivante. L'artiste a donc besoin de montrer nettement cette mutation corporelle chimique qui va de l'imprégnant à l'empreinte, et d'insister sur l'interdépendance matérielle totale ente le référent singulier et la marque indicielle qui ne fait que renvoyer à ce référent[2]. Si la demonstration de la connexion physique entre le corps et son empreinte n'est pas le but principal du travail de Geneviève Cadieux, cela demeure néanmoins un passage essentiel en permettant de renvoyer à l'image symbolique du corps comme à son existence réelle, tout en maintenant la coïncidence exacte entre l'objet d'art et le médium qui le produit. Le corps du modèle doit nécessairement affecter le corps de la pellicule pour qu'il y ait «image» mais, là aussi, étant donné que *l'affectation* se fait à distance, la photographie doit présenter au regardeur cette mise à distance comme empreinte et comme plasticité, indiquer la scission inscrite dans l'œuvre. Profitant de l'acte photographique même, qui requiert un espace entre l'imprégnant et l'appareil, l'œuvre met à distance mentale le regardeur tout en l'absorbant physiquement. Comme on l'a souvent fait remarquer, les œuvres de Geneviève Cadieux entretiennent des rapports étroits avec l'image cinématographique, par leur taille, leur luminosité, leurs gros

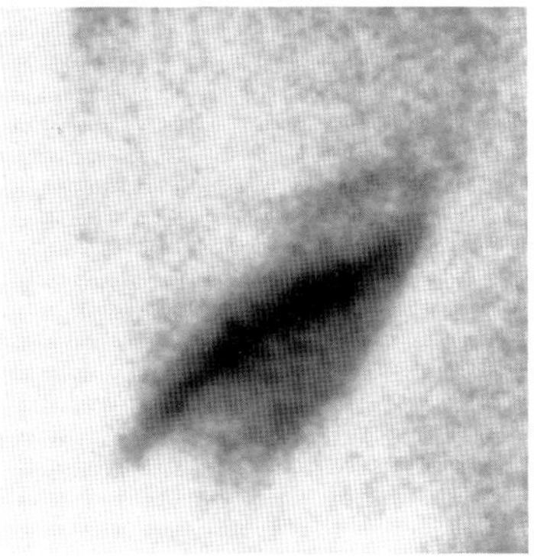

2. On retrouve ainsi l'inévitable définition de Peirce : « (2.248) Un *indice* est un signe qui renvoie à l'objet qu'il dénote parce qu'il est réellement affecté par cet objet. [...] Dans la mesure où l'indice est affecté par l'objet, il a nécessairement quelque qualité en commun avec l'objet, et c'est égard aux qualités qu'il peut avoir en commun avec l'objet, qu'il renvoie à cet objet.» «(2.281) Les photographies, et en particulier les photographies instantanées, sont très instructives parce que nous savons qu'à certains égards elles ressemblent exactement aux objets qu'elles représentent. [...] De ce point de vue, elles appartiennent à la seconde classe des signes : les signes par connexion physique.» C. S. Peirce, *Collected Papers*, Harvard University Press, Vol. II, Book II, chap. 2, 3. Trad. fr. *Écrits sur le signe*, Paris, Seuil, 1978, p. 140.
À partir des idées du philosophe américain, d'autres ouvrages ont donné de riches réflexions, *seulement pragmatiques et non esthétiques*, sur la photographie, notamment : Henri Van Lier, «Philosophie de la photographie», *Les Cahiers de la photographie*, 1983; Jean-Marie Schaeffer, *L'image précaire*, Paris, Seuil, 1987; Philippe Dubois, *L'Acte photographique*, Paris, Nathan, 1990.

plans, entraînant le spectateur dans leur espace, mais l'on n'insiste pas suffisamment sur la mise en scène du déplacement de morceaux du réel (des corps comme imprégnants) dans le champ de l'image construite. Ce qui importe ici encore est la déstructuration de l'empreinte comme pur effet indiciel nécessaire afin de composer une image signifiante par convention esthétique. En effet, le corps réel, par référence au monde d'où il provient, change de place en tant qu'image, qu'il laisse imprimée dans les traces de ses morceaux, de ses parties et de ses fragments dans la photographie; c'est ce qui constitue «nécessairement la qualité en commun avec l'objet[3]». Dans le cas de l'œuvre d'art, cet acte ne consiste pas simplement à enregistrer le corps comme un témoignage de son existence : le corps comme imprégnant est recomposé, remodelé, transformé en tant qu'image en vue de matérialiser un langage plastique étranger à l'acte photographique. Puisque par nature ce dernier est un acte et non un langage, Cadieux veut néanmoins le lui faire dire; lorsque des œuvres sont placées sur le toit des immeubles, par exemple, ce sont des images qui sont déplacées, mais des *images* de corps fragmentés qui sont, quant à eux, déplacés une seconde fois vers un langage n'ayant aucun contact physique avec le référent. Toute la problématique sera alors de montrer comment un vécu — en l'occurrence celui de la mise en scène des corps humains — peut passer à une image acceptée et comprise par convention plastique. Pour ce faire, le corps lui-même devient le lieu de ce passage puisqu'il est en retour affecté et porte les traces qui sont la mémoire des marques qui s'y sont imprimées.

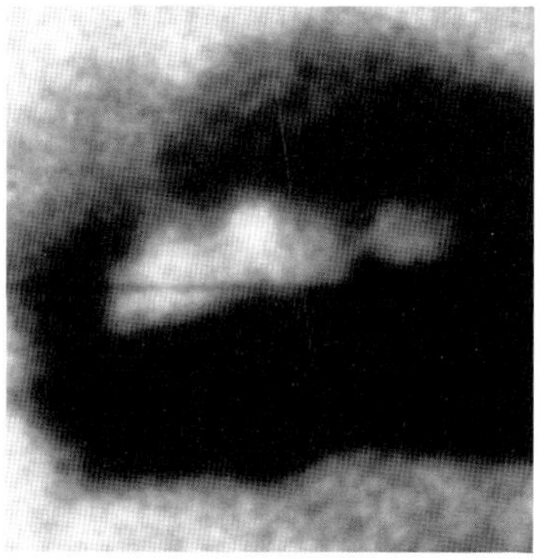

Hear Me with Your Eyes (détail), 1989

Le Corps du ciel (détail), 1992

Le corps empreinte

Montrer les événements, les évolutions, les modifications survenus aux corps est l'une des thématiques centrales de l'œuvre de Cadieux. Elle pouvait les maquiller et faire croire ainsi à la «transmutation des corps» par la magie de la photographie, mais l'artiste a sciemment pris le parti de la condition indicielle du médium. De même que le *corps* était pris dans son sens littéral, la notion d'*empreinte* devient une transposition corporelle lorsque l'artiste nous présente des ecchymoses, des bleus, des coups portés volontairement au corps ou reçus par accident. Le corps est lui-même le lieu où s'actualise une empreinte qui dénote ou connote, justement, un *acte physique*. On pourrait discerner une similitude entre l'acte photographique et l'action ayant causé l'ecchymose : du déclic de l'appareil, du coup reçu, s'ensuit une trace. Presque aussi instantanément. Si, pour le corps imprégnant, sa propre présence se manifestait dans un rapport nécessaire à l'empreinte, les empreintes reçues sont elles aussi un acte physique mais, à l'évidence, non nécessaire, et autrement signifiant; pour accaparer photographiquement une ecchymose, l'artiste est contrainte de la relever sur un corps, mais rien ne l'y oblige. Par delà une obsession personnelle, elle nous présente une forme minimale de la vie, évidente pour le regard et l'expérience : un coup, des traits du visage grimaçant à cause d'une douleur, cela est immédiatement reconnaissable. Là encore, nous assistons à un retournement inattendu au sein des images

3. Cf. C. S. Peirce, *Écrits sur le signe*, Paris, Seuil, 1978, p. 140.

elles-mêmes : l'ecchymose est le signe d'un coup, d'une douleur, dans le même sens que la photographie est le signe indiciel de l'objet. De même que la photographie était modifiée par un objet, le corps a été modifié lui aussi par quelque objet, et *l'empreinte* qui apparaît dans les deux cas en constitue le *signe*. Elle *révèle* une modification. Et il ne peut s'agir d'une simple figure de style, puisqu'il existe bien une contiguïté matérielle entre la cause et le référent. L'ecchymose ou l'empreinte sont des signes qui ne valent pas en eux-mêmes, mais seulement dans la mesure où la signification que nous en dégageons est avant tout déterminée par le rapport à un objet réel qui les a affectés. Il en est ainsi pour la cicatrice, *marque* effectivement laissée par l'objet sur la peau et qui sera à jamais l'indice d'une action physique sur une partie du corps, comme l'empreinte photographique sera à jamais la trace d'un imprégnant en un moment donné de l'espace et du temps. Dans le cas des ecchymoses et des cicatrices, c'est désormais l'imprégnant — transformé en support de l'empreinte — qui *ressemble* à l'«acte photographique». Ces rapprochements butent sur des limites technologiques et sémiologiques certaines, mais dans les œuvres de Cadieux ils ont une importance fondamentale, car ils montrent le passage qui va de la nécessité physique quantitative à l'arbitraire qualitatif, et cela à travers le corps humain. Par exemple, sur certains visages, nous pouvons lire la souffrance, la peine ou la jouissance, la quiétude ou l'anxiété. Il est clair que l'artiste donne une orientation précise à certaines attitudes, et qu'elle cherche à susciter chez le regardeur des modes de réception spécifiques. Pourtant, un baiser, un regard, une main tendue, une pose, un œil, une bouche *ne disent rien*. Leurs images sont bien des signes de quelque chose à interpréter (le baiser serait le signe d'un désir), mais demeurent visuellement sur ce plan de l'indice, comme la fumée est le signe de feu. Si les œuvres de Cadieux devaient dire quelque chose se rapportant à une expérience personnelle et esthétique, ce ne serait pas du point de vue de leur apparence indicielle, de *l'illusion de l'image* de ce qui est vu et perçu comme témoignage d'existence réelle — une douleur ou une blessure —, mais du point de vue de l'auto-référence et de l'acte de symbolisation. D'une part, l'œuvre photographique joue avec son propre médium (réel, nécessité, imprégnant, empreinte); d'autre part, elle est à même de produire une réaction symbolisante qui s'en détache. Entre les deux, il y a ce corps à deux faces (imprégnant/empreinte) sans lequel la photographie, l'acte, l'œuvre d'art seraient simplement irréalisables.

Parce que le regardeur n'est pas en relation physique avec un corps mais avec son image, celle-ci peut faire sens dans le cadre de sa réalité visuelle autonome tout en renvoyant au référent corporel qui en est la source. De ce fait, le regardeur est sollicité physiquement, car lui aussi possède un corps qui vaut alors comme référent, et sans lequel il ne pourrait comprendre le sens de l'image, puisqu'il ne pourrait pas vivre, pour ainsi dire, ce qu'elle montre : la douleur et la souffrance. La plupart du temps, de tels états sont indissociables de leur incorporation, et ce labyrinthe de déplacements à travers lequel nous mène l'artiste nous fait traverser plusieurs niveaux de réalité, de l'imprégnant à son empreinte, du digital à l'analogique, de la reproduction à la symbolisation, pour atteindre l'image construite en vue de signifier ce parcours à l'intérieur du médium comme sa présentation au regardeur. La question du vécu, qui resurgit ici, n'a jamais été oubliée, puisqu'elle est même le point de départ : il était fait référence au corps dans toute sa réalité vivante et charnelle comme à un imprégnant provenant de la vie biologique. Une ecchymose ou une cicatrice sur le corps est une réaction naturelle de l'organisme (à mettre en parallèle avec la réaction chimique des halogénures), et la simple mise en scène du référent est déjà inséparable d'un vécu corporel, à l'image duquel nous pouvons nous identifier. En réalité, nous ne pouvons nous identifier ou nous projeter sur ces corps que parce qu'ils ne sont que des images, des fictions de corps qui ne nous engagent pas tant physiquement dans leur apparence qu'idéellement. Nous avons affaire à l'image du corps symbolique et non à l'image réelle; c'est ce passage que Cadieux parvient à nous *montrer*. Mais comment peut-on montrer et matérialiser une construction mentale de notre corps et de celui des autres? Cela n'est possible et concevable que parce qu'à la base de l'image du corps, il existe un fondement physiologique, d'où l'importance dans ce travail de mettre en avant la relation au corps physique afin de mieux délimiter le passage de l'imprégnant réel à l'image mentale. L'«image du corps» est la manière dont nous nous représentons mentalement notre corps, et ce qui pourrait passer pour l'un des paradoxes de l'image photographique du corps, en ce que nous n'en avons pas l'expérience physique réelle, est résolu par le simple fait que l'«image optique» du corps peut être indépendante des «images tactiles[4]». La prépondérance de l'appréhension visuelle des images — qui peut sembler évidente dans le cas de photographies — tient en ceci qu'elle permet également de saisir des corps en réduisant considérablement leur importance charnelle. La «pulsion scopique» ne porte plus sur des corps vivants ni même des images de corps, mais sur la possibilité de comprendre le corps à travers l'acte visuel lui-même, comme si la photographie renvoyait, tel un miroir, l'image d'un corps qui n'a jamais réellement existé et comme si le voir produisait lui-même l'image. Ce que dément, par essence, l'acte photographique. Nous sommes ainsi au cœur du passage qui va de l'image matérielle à l'image mentale, et si notre vision, elle aussi acte physique, reconnaît l'image en dehors de la présence du corps, c'est que l'image se présente comme voulant échapper à son statut digital alors même qu'elle n'existe que grâce à l'action d'un corps qui lui est extérieur. Quant au spectateur, l'image du corps qu'il contemple et qui lui est extérieure l'émeut physiquement par la seule image optique du corps. La photographie ne remet donc plus en cause son référent, son corps imprégnant, mais le corps de celui qui la regarde sans contact charnel et se reflète dans sa seule présence visible.

Certaines œuvres rendent parfaitement ce passage du tactile, du poids et de la masse du corps, au visuel. *Trou de mémoire, la beauté inattendue*, photographie d'une cicatrice que reflète un miroir placé sur son côté droit, semble faire appel à une image tactile à cause des replis de la peau à l'endroit de la coupure, impression déviée aussitôt par le statut photographique qui, d'une certaine manière, aplatit l'aspect physique de la couleur de la peau et de son grain, des poils, pour le transformer en grain et en couleur de l'image, transportant cet acte physique et chimique en pure vison lorsque

4. Cf. Paul Schilder, *The Image and the Appearance of the Human Body*, International University Press, 1950. Trad. fr. *L'Image du corps*, Paris, Gallimard, 1968, première partie, pp. 41 à 137.

l'image se reflète dans le miroir. Le miroir happe la matérialité de l'image sans lui être relié physiquement : le passage de l'un à l'autre est purement visuel, et s'adresse essentiellement au spectateur. En se plaçant sous un certain angle entre la cicatrice et une partie de son reflet, celui-ci pourra d'ailleurs voir apparaître la forme d'un œil fermé. Œil aveugle et faisant voir, cicatrice à la fois ouverte et fermée rappelant étrangement la fameuse scène dans le *Chien andalou* de Buñuel, celle du coup de rasoir dans l'œil de la femme. Dans *Blue Fear*, la photographie d'un dos d'homme est superposée à la photographie d'une paire d'yeux de telle sorte qu'elles semblent former un nouveau visage; dans *Portrait de famille*, le «portrait de la mère» possède deux paires d'yeux qui se superposent et apparaissent simultanément ouverts et fermés; dans le «portrait du père», une photographie de lèvres (reprise de *Hear Me...*) projetée sur un corps réel — qui constitue l'une des deux faces de l'un des caissons lumineux — est à tel point mêlée à celui-ci que le regardeur met un certain temps avant de comprendre de quoi il s'agit. Ces œuvres radicalisent le passage du corps physique au corps visible et visualisé, en réduisant leur rapport au référent par la méthode qui consiste à utiliser non plus l'image d'une empreinte, mais l'image d'une empreinte d'empreinte. Chose qui n'est pas absurde si on pense simplement au fait que le corps réel, imprégnant qui reçoit la lumière d'une autre photographie (empreinte 1), devient à son tour une empreinte sur la pellicule à partir de laquelle l'œuvre finale sera réalisée (empreinte 2). C'est là une trouvaille logique et plastique étonnante de la part de l'artiste, qui illustre parfaitement ce qui a été développé jusqu'ici puisque, tout en respectant les impératifs techniques de la photographie, Cadieux coupe l'œuvre de sa connexion physique au référent. Elle pourrait désormais réaliser des œuvres à partir de photographies de photographies de photographies. Le corps réel n'est plus nécessaire pour fabriquer l'image générique. À observer l'enchaînement de son travail sur une douzaine d'années, on s'aperçoit que la dissolution du corps, dont les dernières photographies sont un aboutissement, était déjà à l'œuvre afin de constituer cette image générique et mettait en scène un acte symbolique essentiel.

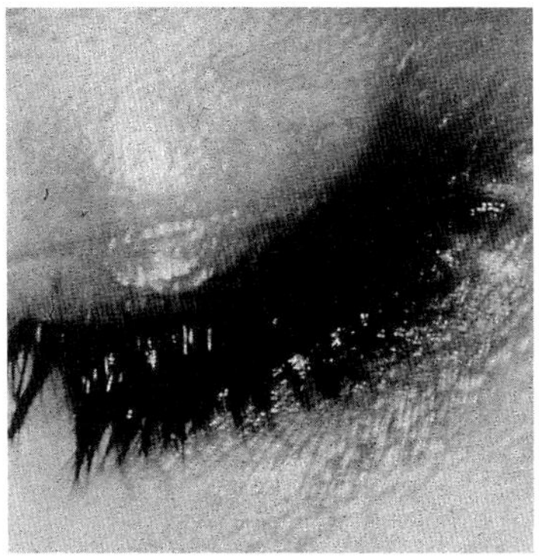

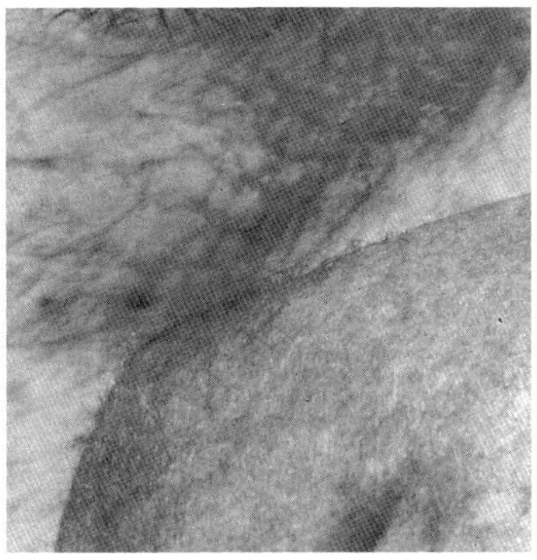

Parfum (détail), 1991

Blue Fear (détail), 1990

Un corps d'images

Lorsque Geneviève Cadieux prend des photographies de corps et de leurs parties, elle opère une transformation technique mais effectue surtout un déplacement symbolique entre le référent et l'image. En ce qui concerne l'acte photographique, on ne peut s'empêcher de faire référence aux processus et aux procédés eux-mêmes, dans la mesure où l'image du corps imprégnant *tient lieu* de corps comme référent, et peut donner lieu au corps empreinte. Nous allons ainsi du corps réel transformé à l'image transformée du corps, la seconde prenant la place du premier, matériellement et mentalement. À cet égard, on pourrait émettre l'hypothèse que le signe photographique est l'envers du traumatisme que signalent les images des cicatrices ou des ecchymoses : le premier est issu d'un processus physique et ne communique rien, le second fait appel à notre vécu et vaut comme indicateur d'une violence. Que l'on nous

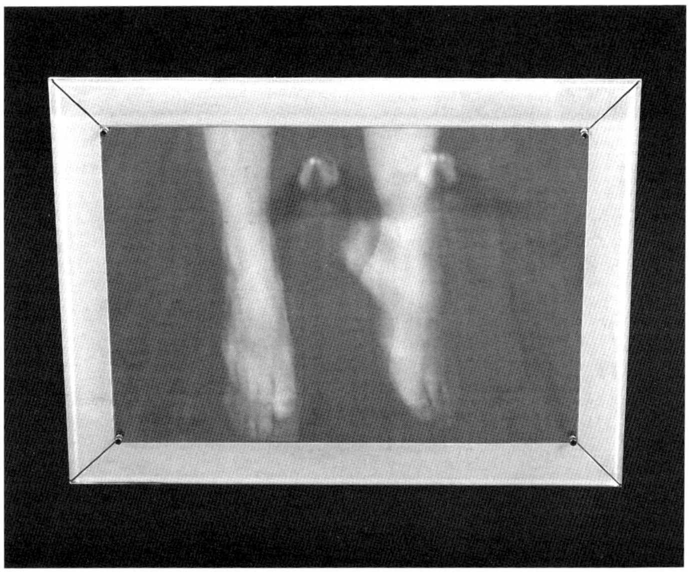

L'Inconstance du désir (détail), 1988

montre de manière récurrente des images d'agressions subies par le corps est assurément le symptôme d'un état d'esprit de l'artiste — d'ailleurs parfaitement inconnaissable de ce point de vue — mais surtout de notre propre état possible, car en regardant ces *images* de coups et de blessures, nous ne voyons pas d'abord des images mais des traumatismes auxquels notre imaginaire fait écho; une œuvre telle que *Parfum* le démontre assez bien. Nous lisons alors l'image comme la trace d'une réalité que l'on a pu vivre. Mais, par un mouvement contraire, l'œuvre *médiatise* une image mentale de notre corps, ou de celui que l'on voit sur la photographie, sans qu'il soit nécessaire pour autant de faire intervenir le référent réel (le corps imprégnant) puisque c'est désormais dans l'image manipulée et artificielle de celui-ci que nous puisons les éléments de la reconstruction visuelle et symbolique. Voir ce corps frappé ou coupé nous émeut en dehors du réel, en dehors du référent, car nous revivons ce traumatisme à travers l'image du corps, même si le corps charnel se trouve à l'arrière-plan. Pour que le changement de place symbolique qui va du corps réel à son image puisse se réaliser, l'œuvre devait le présenter effectivement, pour que le regardeur puisse ensuite s'y reconnaître sans faire référence au corps réel mais à l'image du corps, image qui a *nécessairement* pour base le corps physiologique. Là réside toute la finesse de ce travail, car il ne suffisait pas de déclarer que l'image du corps n'est pas le corps pour qu'il y ait œuvre, mais de montrer au contraire comment, à partir des mêmes conditions réelles, on pouvait obtenir des catégories de pensée différentes. Comme pour l'image photographique où l'imprégnant et l'empreinte sont indissociables, l'image de notre corps est inséparable d'une réalité vivante sans laquelle aucune image matérielle et mentale de nous-même ne serait possible. L'œuvre photographique, l'image, ne peut donc pas ne pas faire référence au corps réel, mais en passant de l'imprégnant à l'empreinte, de l'indexation à la symbolisation, elle a opéré un changement de catégorie qui, lorsqu'elle est à nouveau confrontée à la matérialité, ne peut plus entretenir un rapport pragmatique avec la réalité des choses et des êtres. À travers ce travail singulier sur le corps, les œuvres ne nous révéleraient-elles pas une ressemblance entre la manière dont nous construisons l'image du corps et la manière dont nous fabriquons et lisons une photographie? Toutes deux passent bien par une réalité physique pour aller vers une réalité symbolique, à cette différence que, dans les œuvres de Cadieux, au fur et à mesure que le corps se dissout matériellement, il se construit idéellement.

La plupart des œuvres présentent cette particularité d'aller du visible photographique et corporel aux limites de l'insaisissable, d'aller du pur visuel à l'aperception, grâce au tremblement, au flou, aux superpositions d'images par transparence, montrant ainsi les transitions infimes qui s'opèrent entre l'imprégnant, l'empreinte, l'image, l'idée. L'œuvre intitulée *L'Inconstance du désir* joue sur une sourde mutation chimique et mentale, puisque les pieds que nous montre la photographie ne sont qu'une image et ne peuvent entrer dans les chaussures posées sur le socle. L'œuvre ainsi présentée affirme que le lien entre l'image et l'objet est une idée réunissant à la fois l'image du corps et l'image d'une réalité physique. Pour réaliser la fusion entre les deux instances, nous projetons donc des images mentales sur des images données à notre égard, mais déjà construites auparavant par le regard de l'artiste qui a, elle aussi, *incarné* l'image de son corps dans les images. Il s'opère non seulement une reconstruction visuelle et matérielle des corps et de leurs parties qui proviennent du monde du vivant, mais également une reconstruction mentale de l'absence supposée de ces corps qui ne sont plus que des images. *L'Inconstance du désir* montre bien le clivage entre la réalité de l'image photographique (construite, artificielle, fictive) et la réalité des chaussures posées au sol, en même temps qu'elle dévoile le mécanisme de reconstruction qui donne sens à l'œuvre. En reconstruisant les images de corps par d'autres images qui nous sont propres — comme c'est encore nettement le cas dans *The Shœ at Right Seems Much Too Large* —, nous projetons des images génériques du corps qui se rapportent pourtant à des expériences et des corps singuliers, vivants, mortels. Par définition, il est impossible de placer devant l'objectif un corps générique, car ce corps est toujours et nécessairement un corps particulier. En revanche, l'image que l'on fera à partir de sa particularité — causalité unique, puisqu'il n'y a qu'un seul imprégnant pour une seule empreinte — peut être une image générique pouvant se donner comme signifiante pour celui qui la regarde. Nous avons tous éprouvé des difficultés à parler de notre corps ou à le sentir véritablement dans sa totalité, et il est surprenant que notre représentation mentale, plus que notre perception physique, soit en fait plus proche de ce qu'il est. Certes, nous savons ce qu'il est à travers une image mentale ayant une base physiologique, et la blessure, la douleur, la maladie, le coup et autres actes physiques qui peuvent atteindre notre corps, ont une correspondance mentale qui les accompagne. Il ne s'agit pourtant pas d'illustrer des théories psychologiques, mais de montrer comment, à travers des images construites nécessairement à partir d'une réalité, *naît une image signifiante* de cette réalité, et non plus seulement un signe ou un indice. Contrairement à l'«image du corps» de la psychologie, l'image photographique du corps n'est pas liée directement à un état physique, mais à d'autres images qui peuvent être saisies pour elles-mêmes sans qu'interviennent les référents. Dans l'œuvre d'art, le référent est mis entre parenthèses; le fait qu'une photographie rende techniquement l'imprégnant ne suffit pas à en faire une œuvre. Il faut une structuration des images entre elles, un réagencement plastique qui ne doit rien, de ce strict

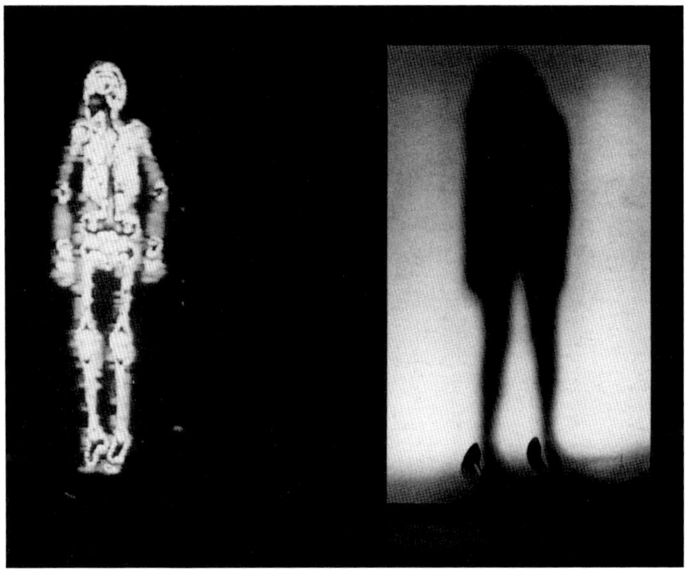

The Shoe at Right Seems Much Too Large (détail), 1986

point de vue, aux conditions et aux phénomènes optico-chimiques de la photographie, et dont le sens relève d'un vécu qui nous touche profondément.

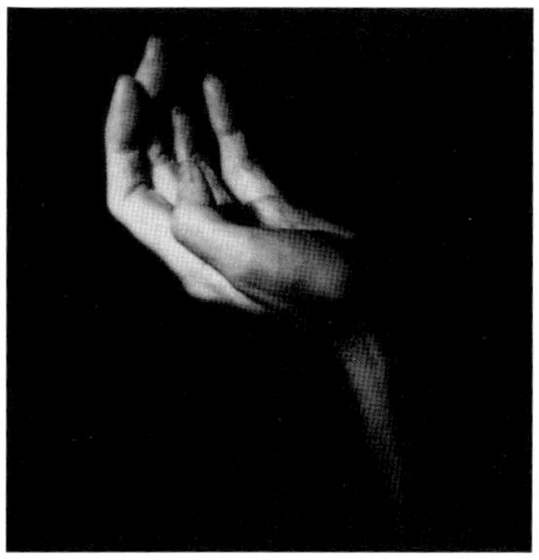

Portrait de famille (détail), 1991

Il n'est que de lire certains titres d'œuvres pour y retrouver des mots (*madness*, fêlure, désir, famille, blessure, cicatrice, ravissement, peau, corps, aveugle...) établissant un réseau de significations liées à une forme de rituel qui, bien que n'ayant pas ici de base religieuse, pourraient être assimilées à ce que l'on appelle les «blessures symboliques», c'est-à-dire des marques réalisées sur le corps selon des règles et des codes, afin de signifier une action sociale[5]. Mais ces pratiques sont volontaires chez les participants, alors que chez Cadieux elles ne sont pas faites, bien sûr, en vue d'obtenir une photographie. En relevant photographiquement certaines marques et certaines coupures imprimées sur les corps, l'artiste ne cherche pas à réunir une communauté de spectateurs autour d'accidents corporels assez banals. Cependant, les blessures reçues par le corps symbolisent bien quelque chose plastiquement et psychologiquement : *nos corps sont nos images de corps*. Il ne faudrait cependant pas comprendre que Geneviève Cadieux poursuit un travail purement formel sur les images, dissolvant de plus en plus le corps réel pour le conduire à la pure abstraction d'une image mentale. Au contraire, l'acte photographique qui consiste à faire une image implique une signification pour le vécu et la réalité vivante du corps. Car pourquoi photographier des blessures, des ecchymoses, des visages neutres, durs ou douloureux, si ce n'est pour attester de l'acte photographique et physique et signifier l'acte d'image *à propos* de blessures et de coupures. La connexion physique entre l'imprégnant et l'empreinte, la réalité, le vécu, existe réellement, et l'image du corps n'est pas une absence de celui-ci que nous reconstruisons uniquement dans notre esprit. Sans être absent de notre réalité, il occupe néanmoins une place tout autre dans l'image. Si le corps d'image ou le corps de chair sont distincts physiquement et mentalement, s'il y a déplacement de l'un à l'autre, l'«acte imagique» réalisé dans les œuvres de Cadieux tend à opérer réellement et directement dans le vécu corporel, et cela *à travers l'image*. Les coupures et les blessures que l'on voit dans les photographies ne sont jamais vives, saignantes, purulentes, même si elles peuvent y faire allusion (une exception pourtant dans *Portrait de famille*, où de la paume de la main du «portrait de la mère» coule du sang). La réalité physique, coupure ou hématome, ne passe au stade d'image qu'après que l'événement a eu lieu, après que la coupure s'est refermée, après que le coup a été reçu ou porté; la photographie est donc faite au moment précis où *le réel se reconstruit*. On retrouve d'une certaine manière l'interdépendance, cette fois plastique et esthétique, qui existait entre l'imprégnant et l'empreinte, puisque la reconstruction du corps va de pair avec la reconstruction mentale de l'acte imagique. C'est seulement lorsque la coupure du corps imprégnant est déjà ancienne et oubliée, lorsque l'ecchymose est dans le bleu le plus foncé, donc en train de disparaître, que la photographie est prise. Construire l'image à partir de cela signifierait, lors du rituel qui consiste à passer de la réalité à l'image, que l'acte photographique est le geste qui résorbe la blessure. Faire image, c'est guérir.

5. Bruno Bettelheim, *Les Blessures symboliques*, Paris, Gallimard, 1980.

CATALOGUE

Séquence n° 6, 1980

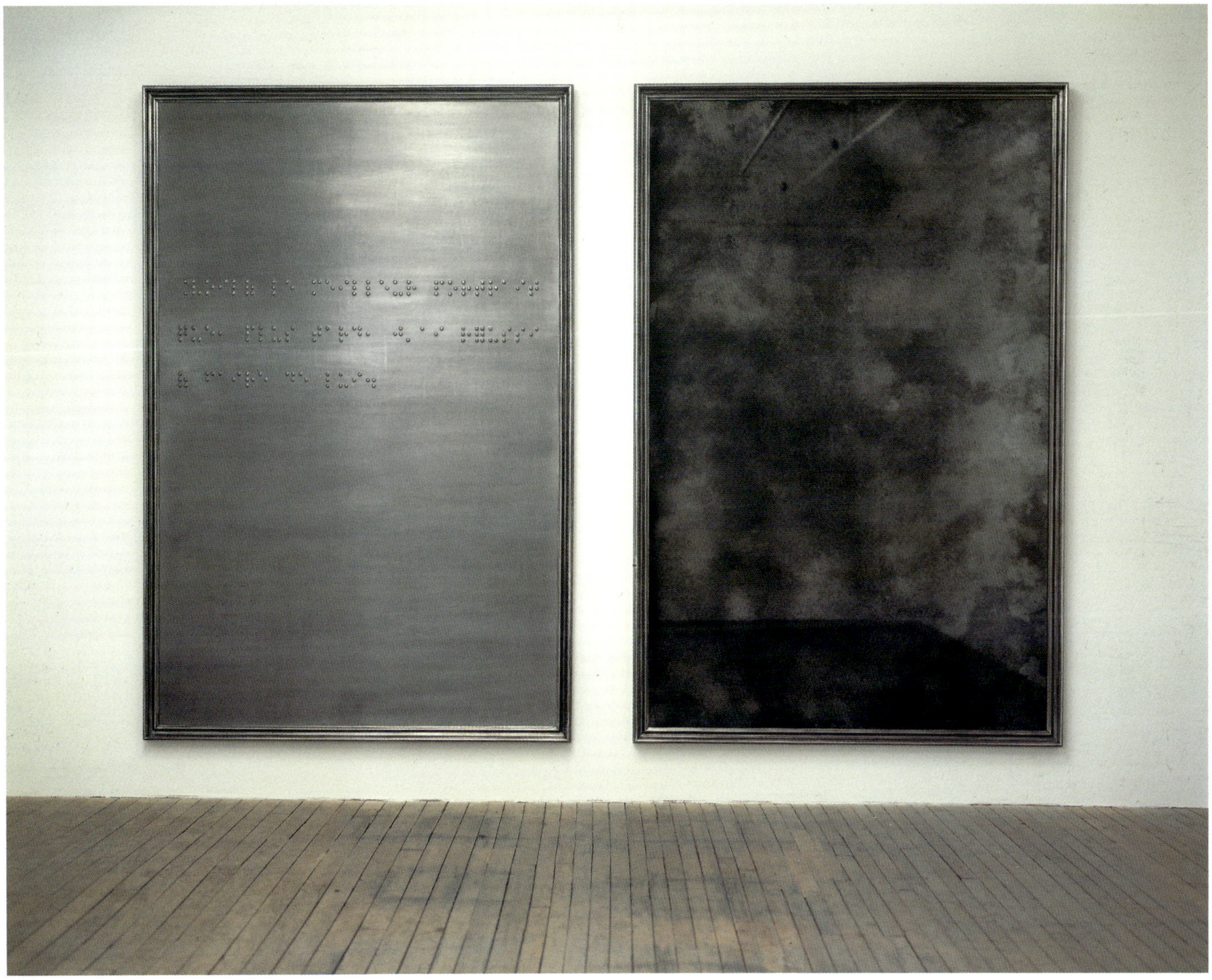

À fleur de peau, 1987

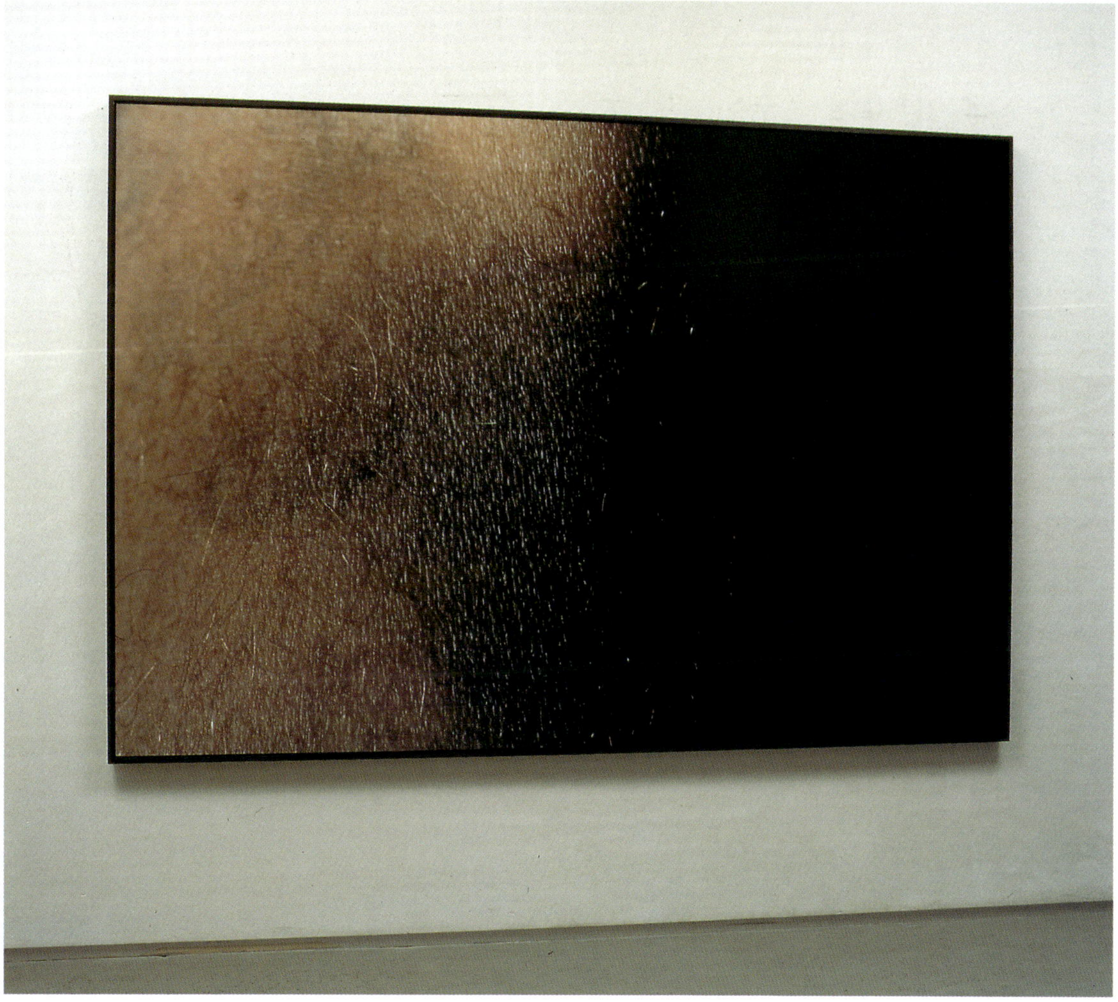

Blues, 1992

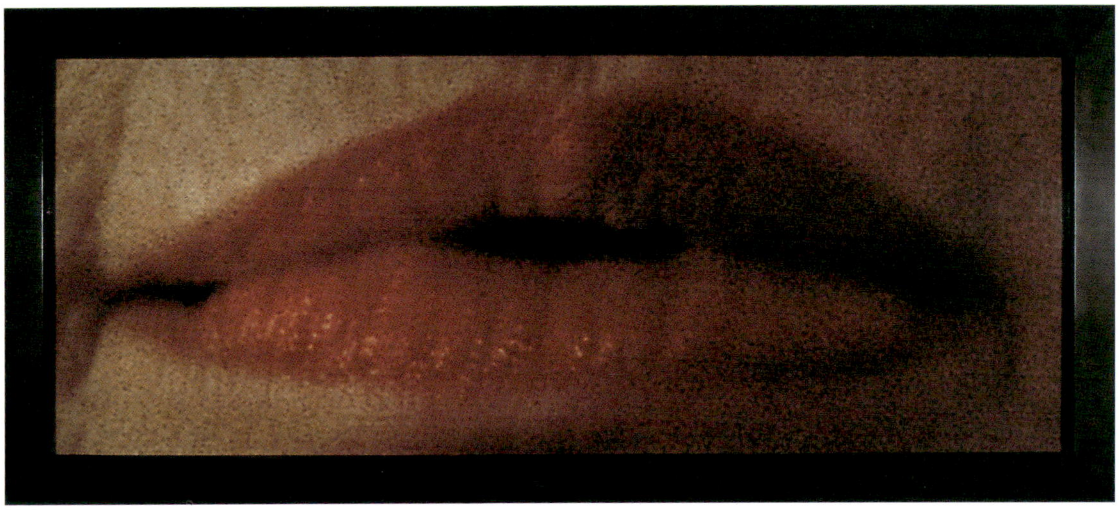

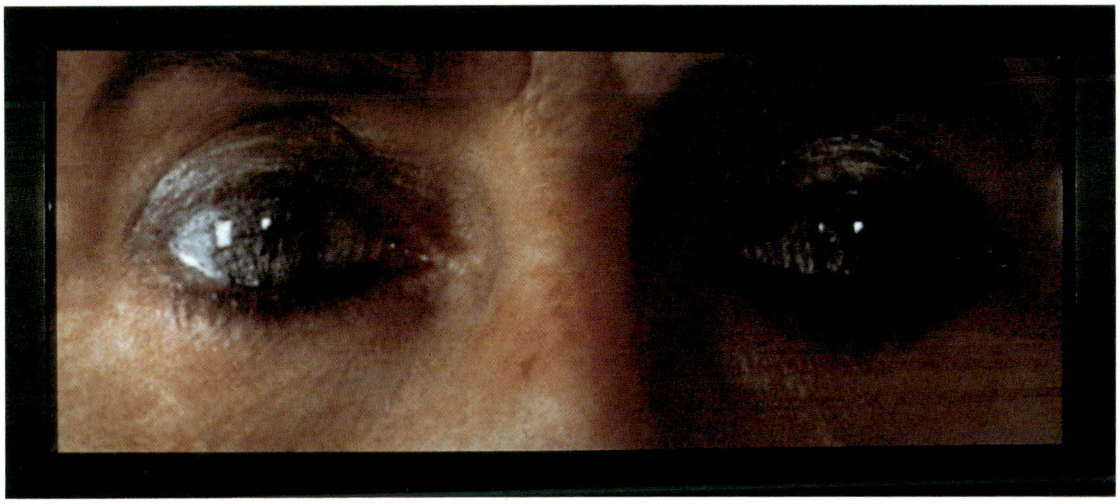

Amour aveugle, 1992

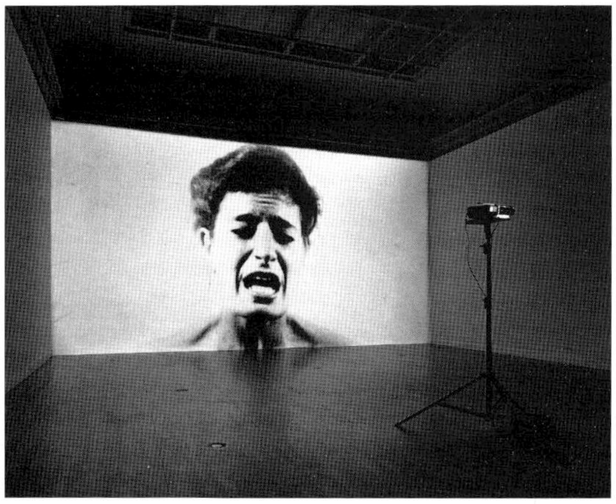
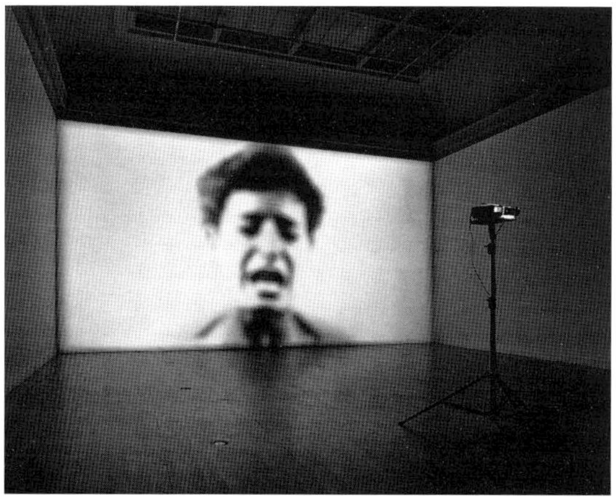
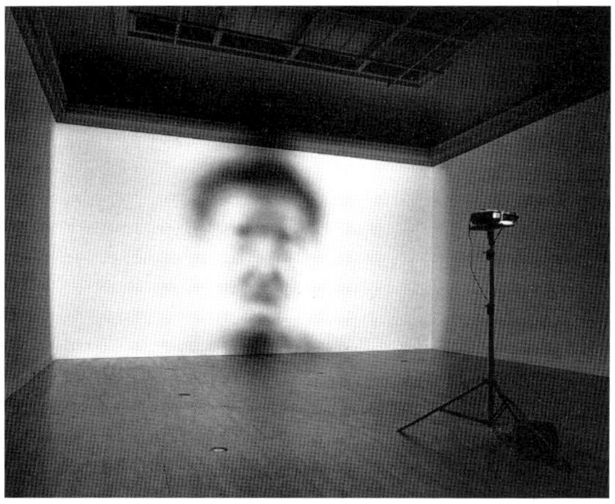
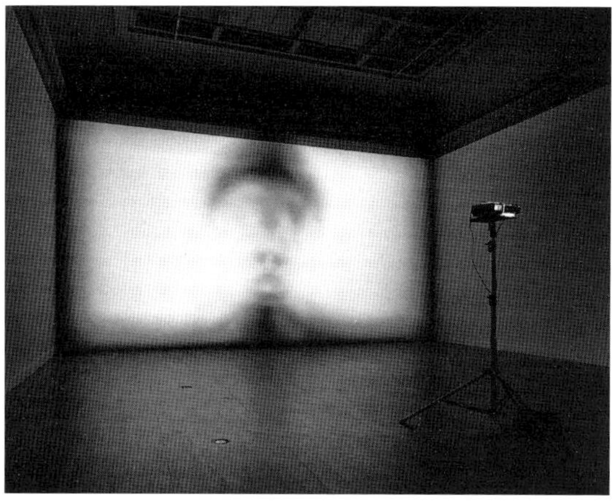

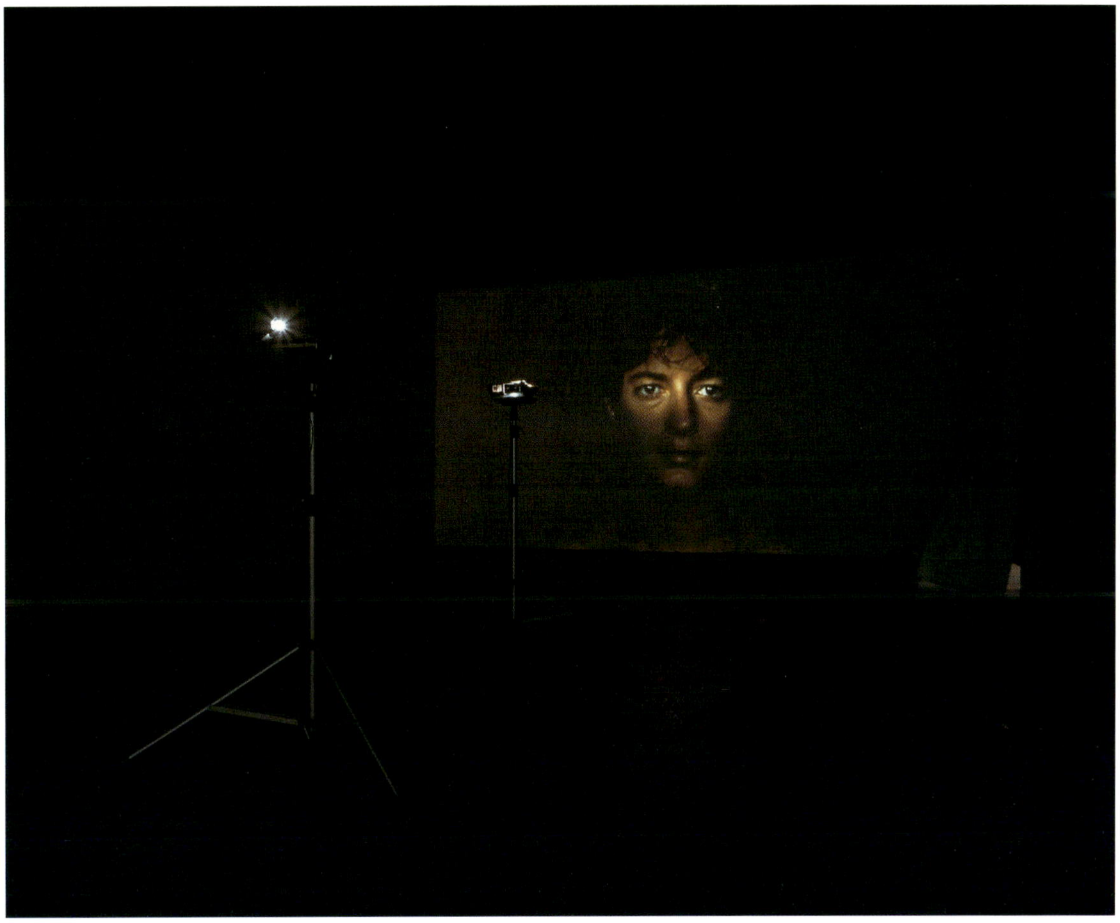

Voices of Reason/Voices of Madness, 1983

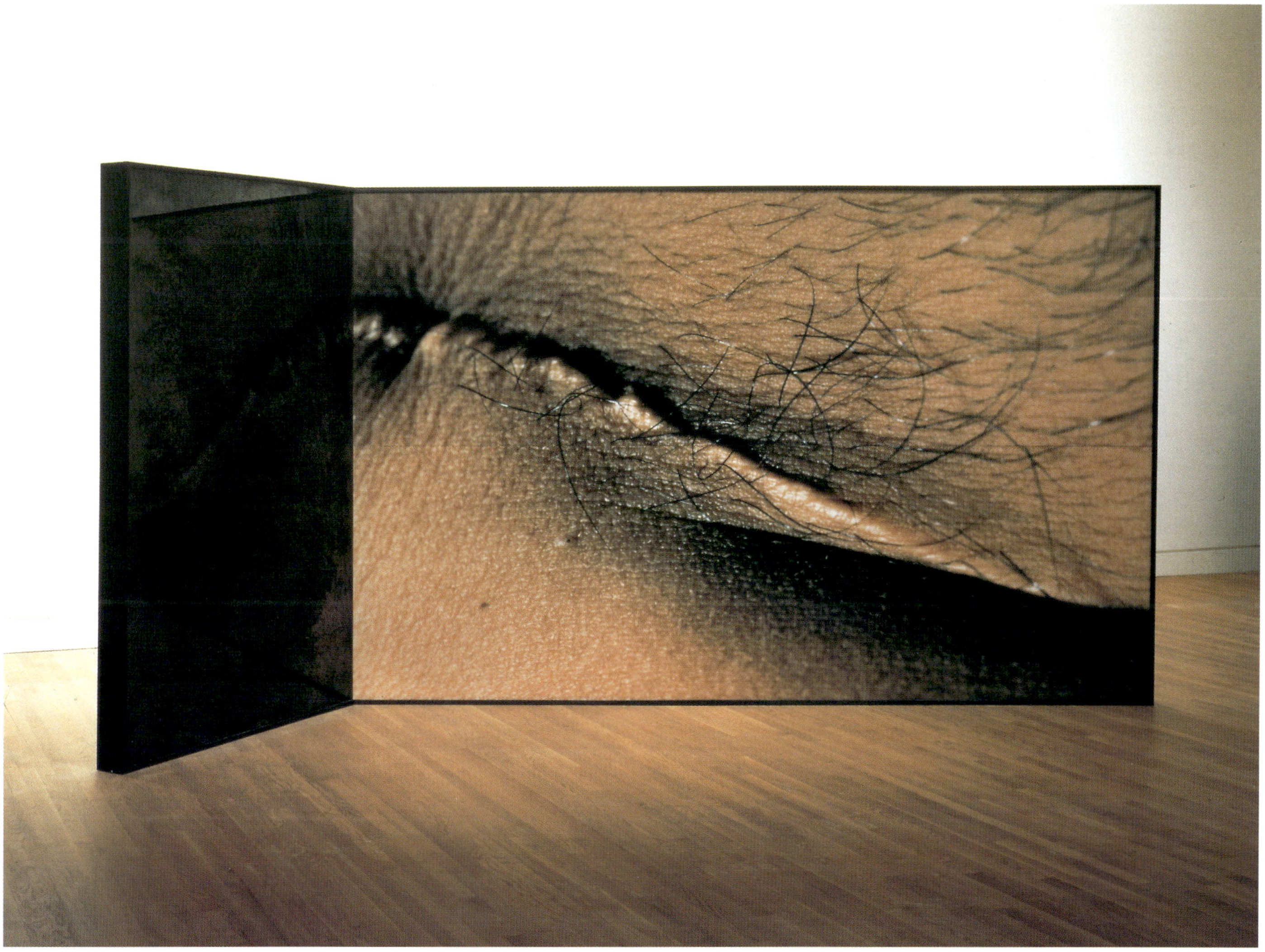

Trou de mémoire, la beauté inattendue, 1988

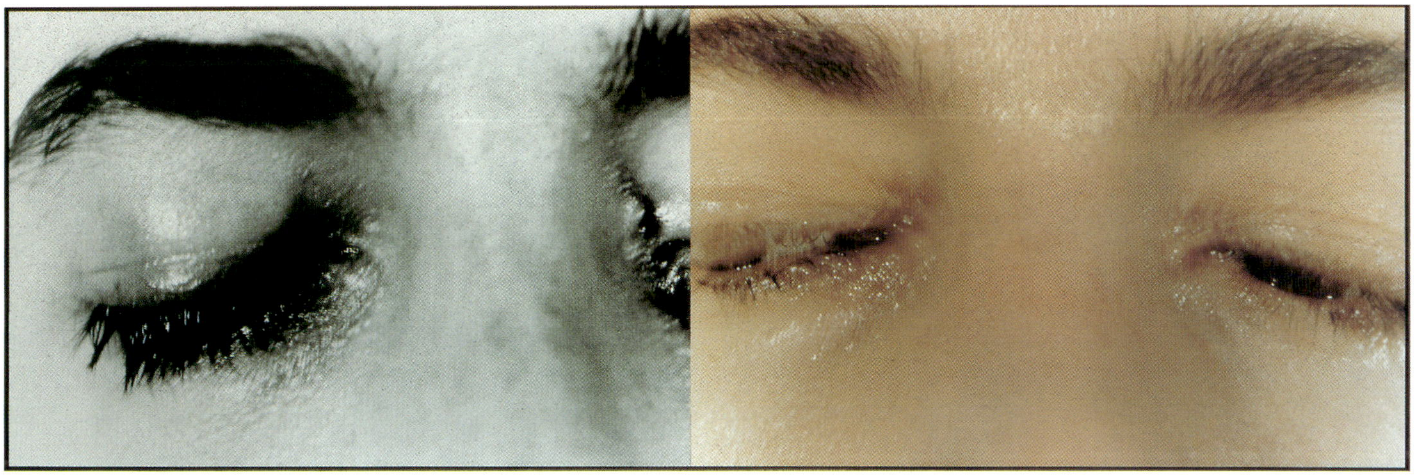

Parfum, 1991

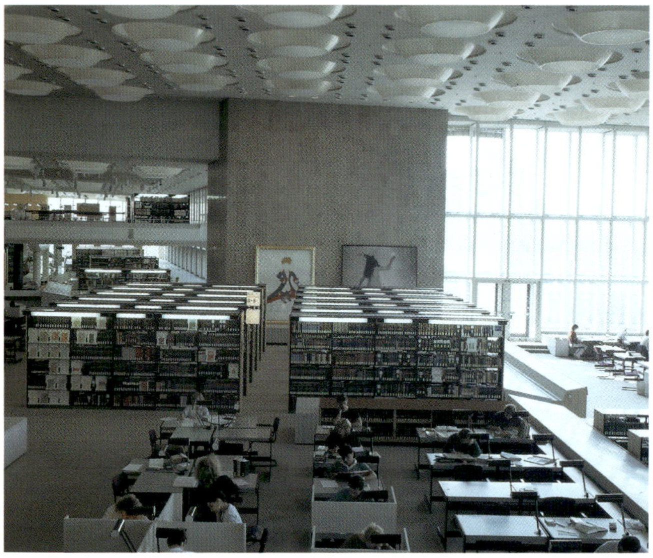

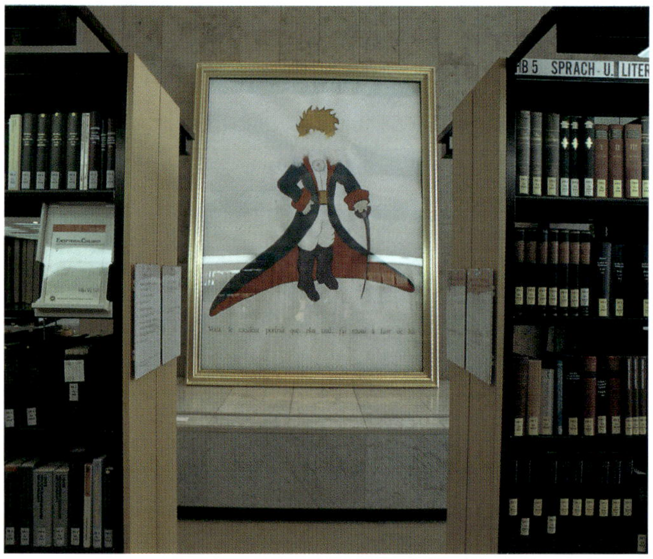

La Blessure d'une cicatrice ou Les Anges, 1987

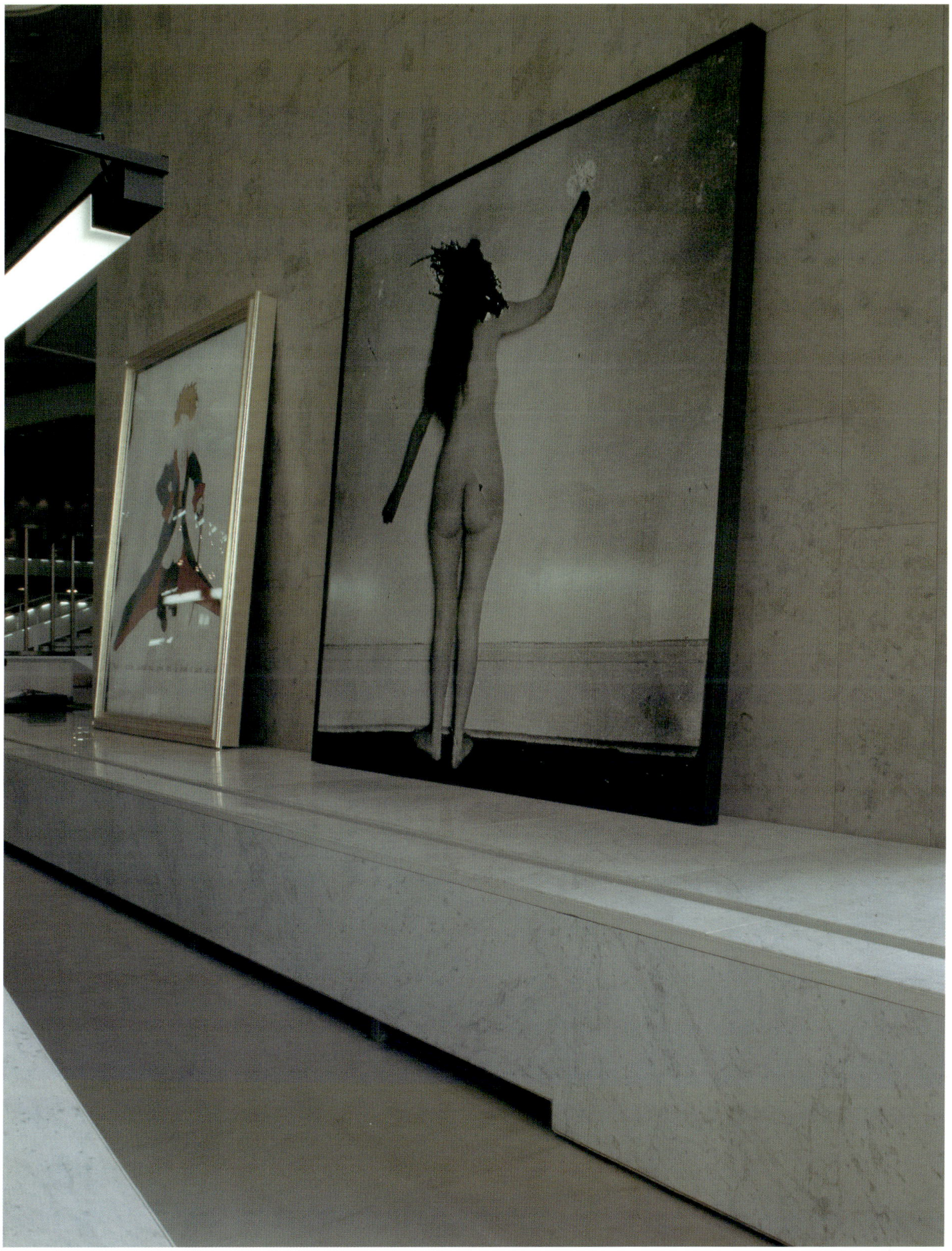

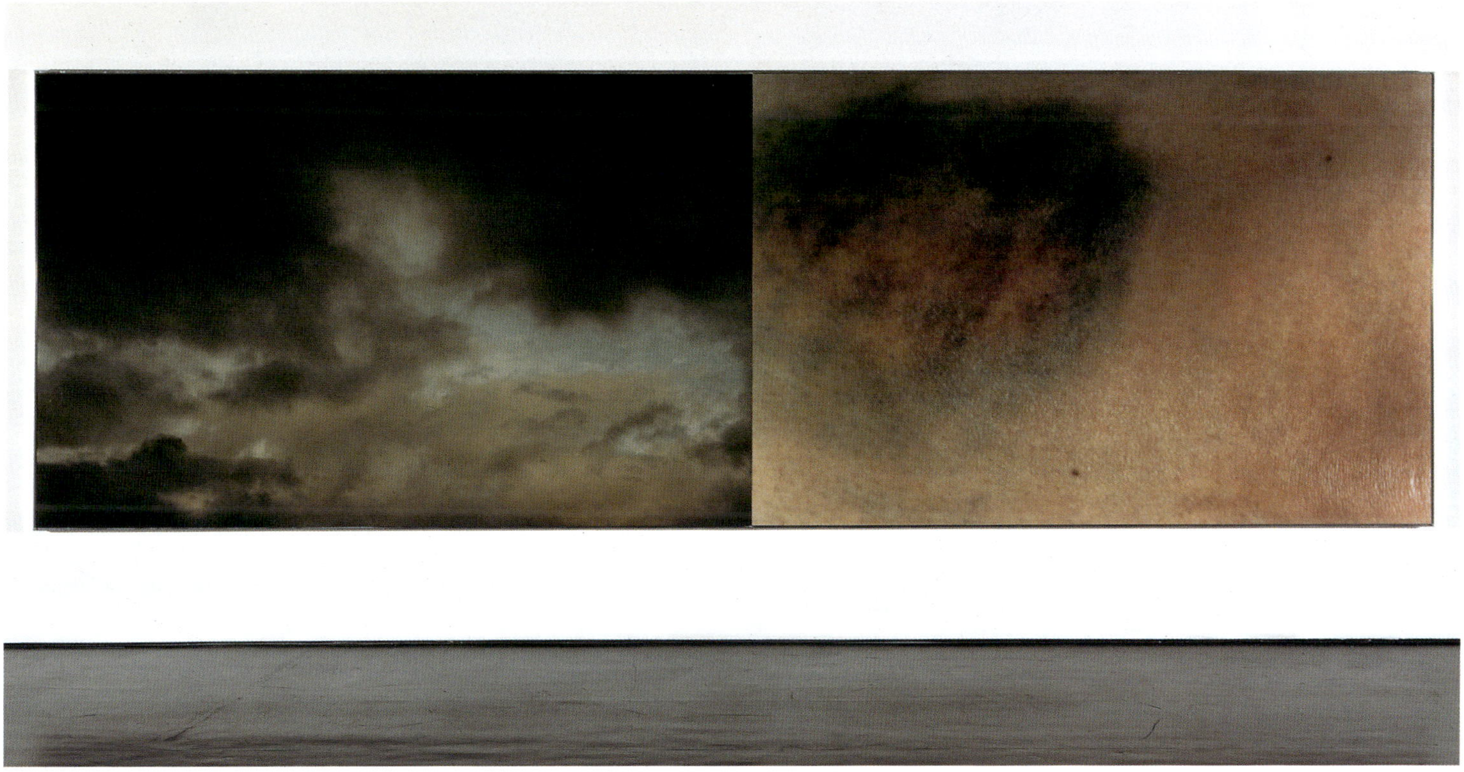

Le Corps du ciel, 1992

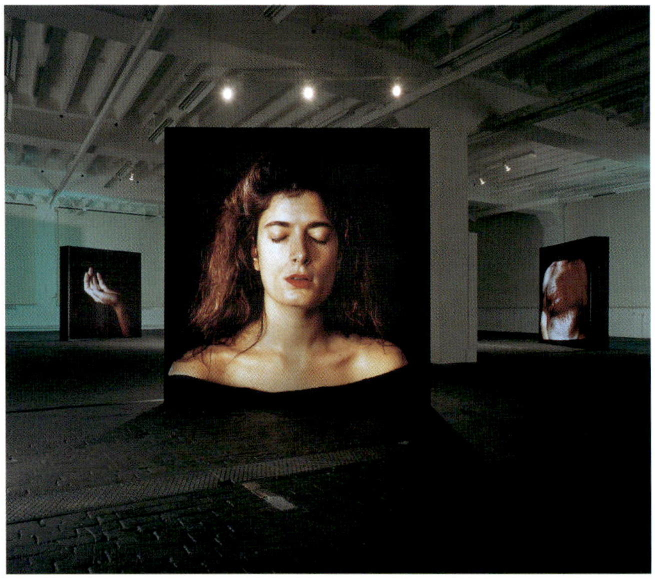

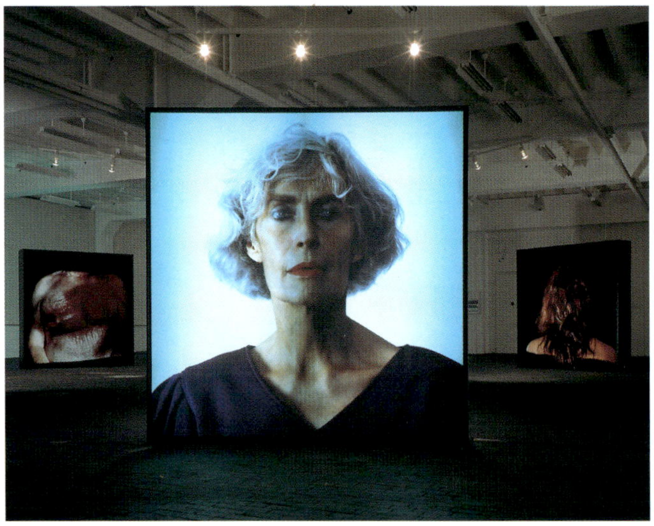

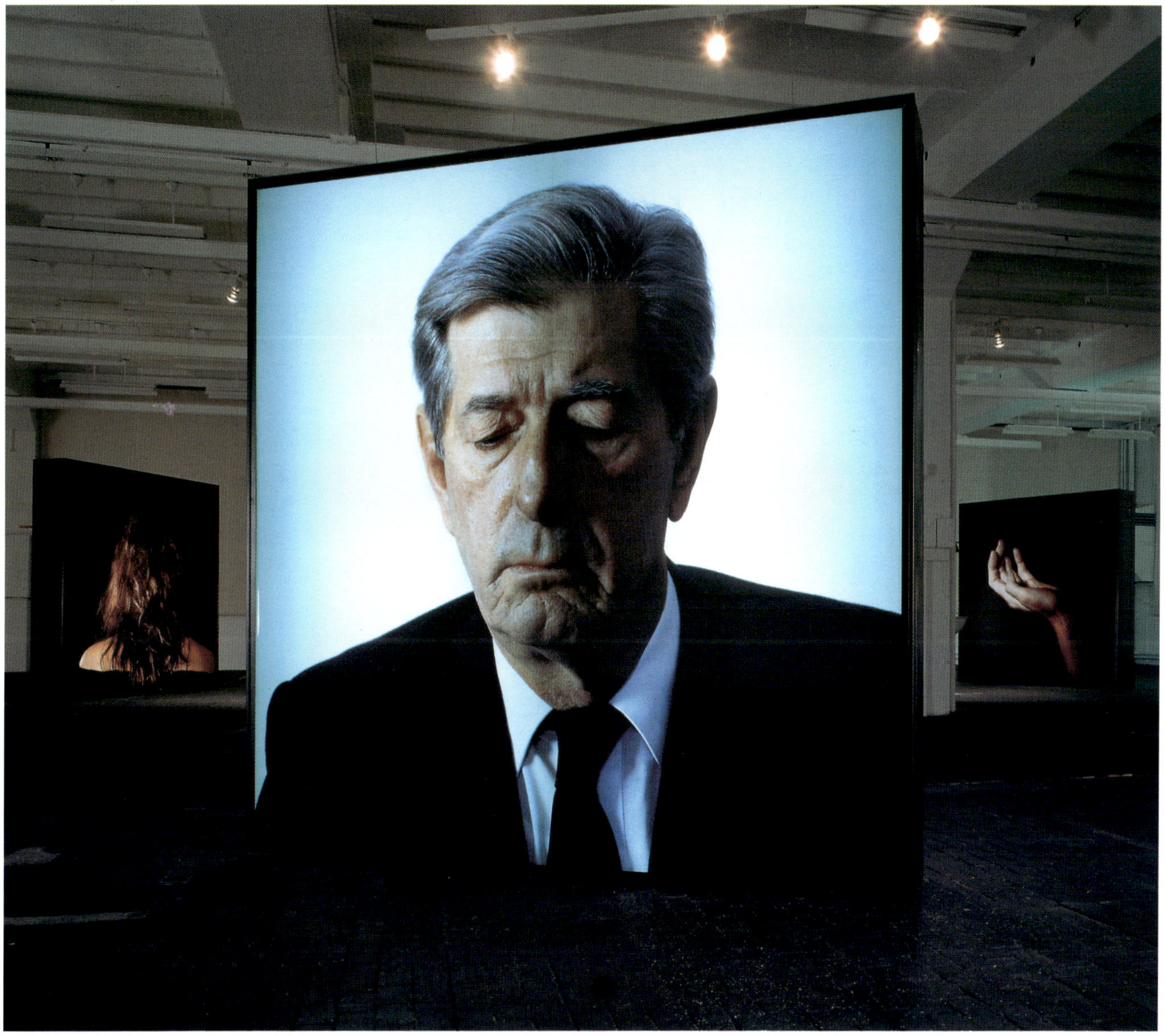

Portrait de famille, 1991

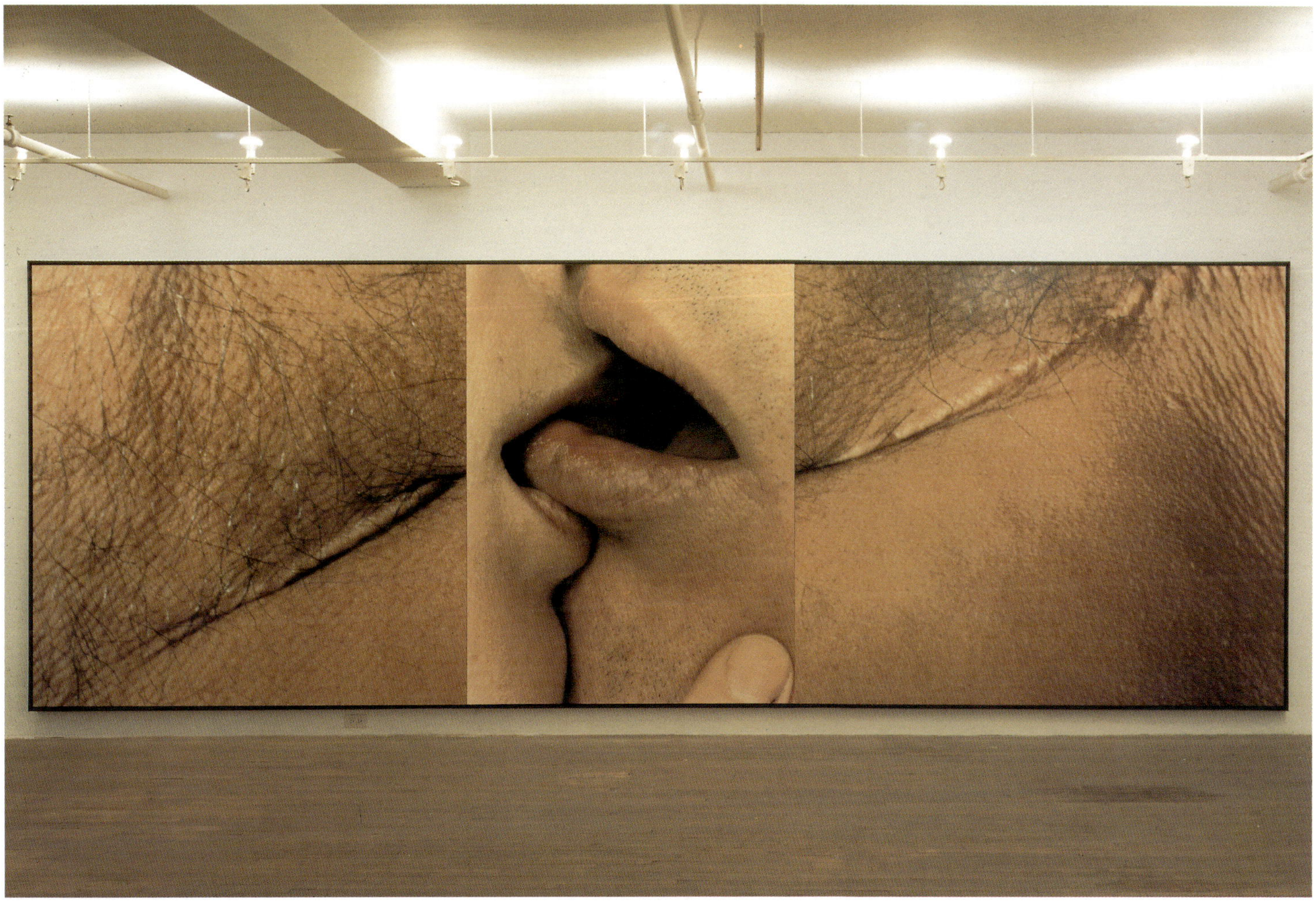

La Fêlure, au chœur des corps, 1990

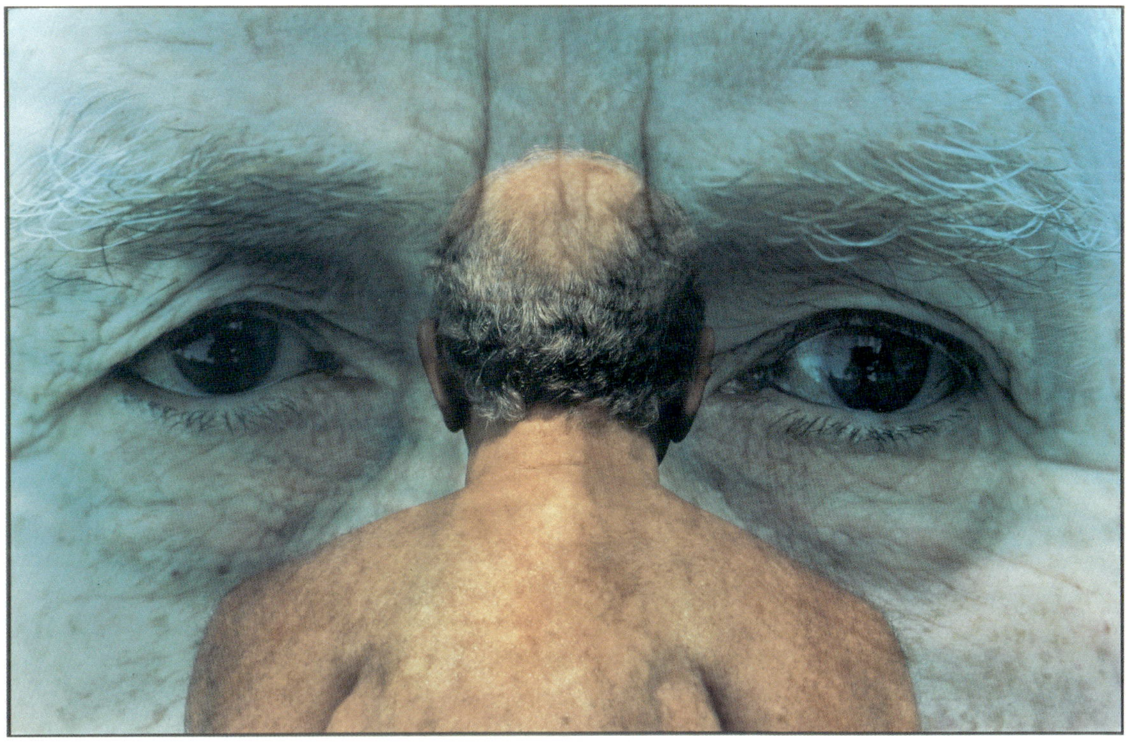

Blue Fear, 1990

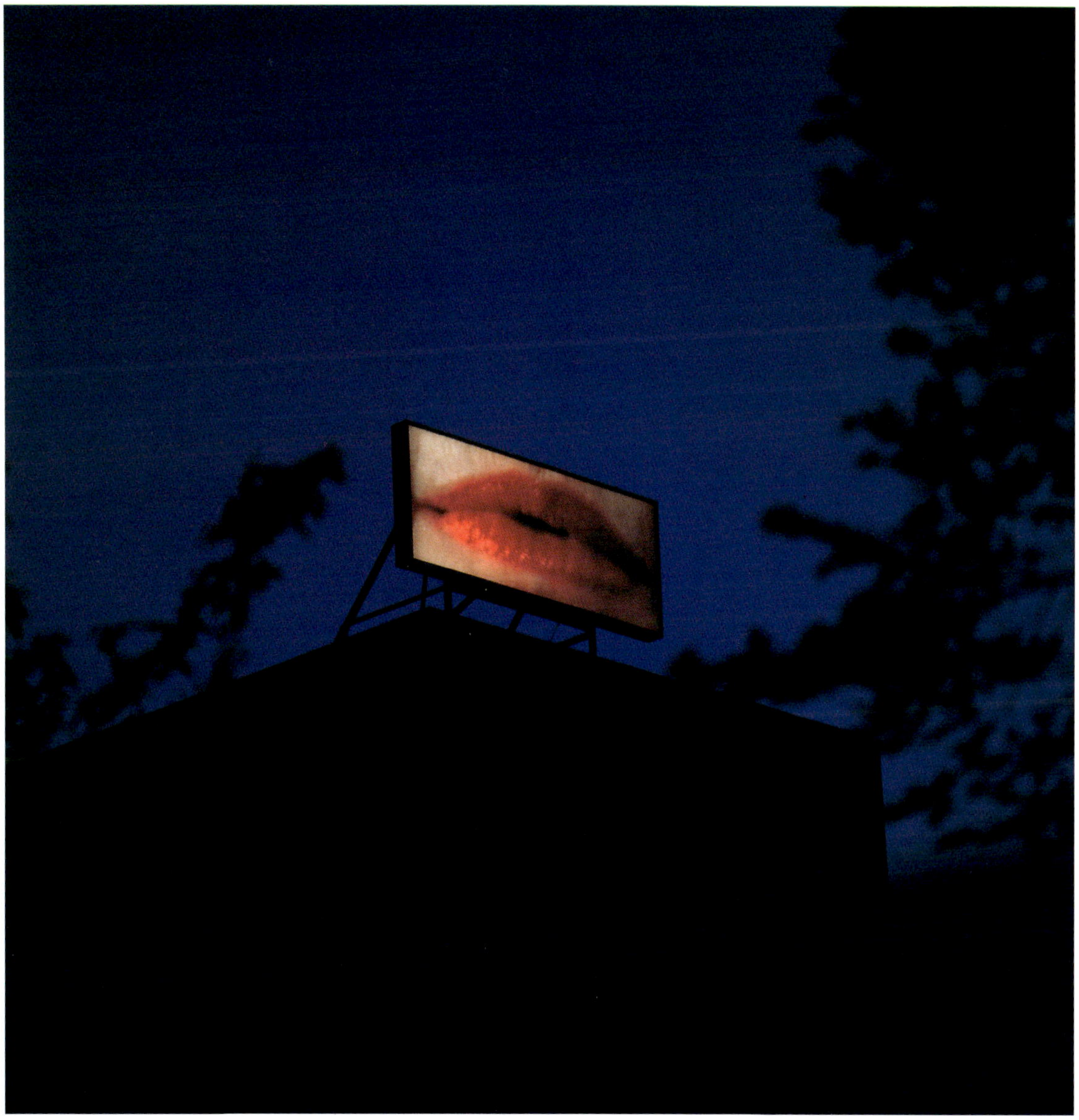

La Voie lactée, 1992

BIOBIBLIOGRAPHIE

GENEVIÈVE CADIEUX

Née à Montréal (Québec) en 1955.
Vit et travaille à Montréal.

EXPOSITIONS INDIVIDUELLES

1992 *Geneviève Cadieux*, ICA-Institute of Contemporary Arts, Londres, Angleterre, Royaume-Uni, 29 juill.-6 sept. 1992.

Geneviève Cadieux, ICA-Institute of Contemporary Art/Amsterdam, Amsterdam, Pays-Bas, 10 avril-24 mai 1992.

Geneviève Cadieux, Musée départemental d'art contemporain de Rochechouart, Rochechouart, France, 16 oct.-20 déc. 1992. — Catalogue.

Sagacho Exhibit Space, Tōkyō, Japon, 21-31 oct. 1992 [panneau d'affichage installé sur le Roppongi Dori à Tōkyō].

1991 *Geneviève Cadieux*, Centre d'Art Contemporain de Genève, Genève, Suisse, 25 mai-21 juill. 1991.

Kent Fine Art, New York, N.Y., États-Unis, 15 févr.-23 mars 1991.

1990 *Canada XLIV Biennale di Venezia : Geneviève Cadieux*, Venise, Italie, 27 mai-30 sept. 1990. — Organisée par Parachute, en collaboration avec le Musée des beaux-arts de Montréal. — Catalogue.

Galerie René Blouin, Montréal (QC), 1er déc. 1990-5 janv. 1991.

1989 Galerie René Blouin, Montréal (QC), 29 avril-27 mai 1989.

1988 *Geneviève Cadieux*, The Power Plant, Toronto (Ont.), 19 févr.-10 avril 1988. — Catalogue.

Galerie René Blouin, Montréal (QC), 9 janv.-6 févr. 1988.

1982 *Works by Geneviève Cadieux*, Agnes Etherington Art Centre, Queen's University, Kingston (Ont.), 8 août-19 sept. 1982 [itinéraire : The Gallery Stratford, Stratford (Ont.), 15 oct.-14 nov. 1982]. — Catalogue.

1981 Galerie France Morin, Montréal (QC), 13-24 oct. 1981.

1977 Saw Gallery, Ottawa (Ont.), 1977.

EXPOSITIONS COLLECTIVES

1992 *Adam & Eve*, Museum of Modern Art, Saitama, Japon, 10 oct.-6 déc. 1992. — Catalogue.

La Collection : tableau inaugural, Musée d'art contemporain de Montréal, Montréal (QC), 26 mai 1992-mars 1994. — Catalogue.

Dialogues, CIAC-Centre international d'art contemporain de Montréal, Montréal (QC), 6 mars-26 avril 1992.

Pour la suite du Monde, Musée d'art contemporain de Montréal, Montréal (QC), 26 mai-11 oct. 1992. — Catalogue ; cahier avec propos et projets des artistes.

Skulpturen-Fragmente : Internationale Fotoarbeiten der 90er Jahre, Wiener Secession, Vienne, Autriche, 27 mai-28 juin 1992. — Catalogue.

1991 *Crossroads*, Art Gallery of York University, North York (Ont.), 22 sept.-29 nov. 1991. — Catalogue.

Outer Space, Laing Art Gallery, Newcastle-upon-Tyne, Angleterre, Royaume-Uni, 28 sept.-17 nov. 1991 [exposition itinérante en Angleterre : Ferens Art Gallery, Hull, 30 nov. 1991-19 janv. 1992 ; Camden Arts Centre, Londres, 16 mars-26 avril 1992 ; Arnolfini Art Gallery, Bristol, 23 mai-28 juin 1992 ; organisée par le South Bank Centre, Londres]. — Catalogue.

The Interrupted Life, The New Museum of Contemporary Art, New York, N.Y., États-Unis, 12 sept.-29 déc. 1991. — Catalogue.

Un archipel de désirs : les artistes du Québec et la scène internationale, Musée du Québec, Québec (QC), 16 mai-29 sept. 1991. — Catalogue.

1990 *Acquisitions récentes 1988-1990*, Musée des beaux-arts de Montréal, Montréal (QC), 2 nov.-2 déc. 1990.

Eighth Biennale of Sydney : The Readymade Boomerang : Certain Relations in 20th Century Art, The Art Gallery of New South Wales, Sydney, Australie, 11 avril-3 juin 1990. — Catalogue.

First Tyne International, 1990 : A New Necessity, National Garden Festival, Gateshead, Angleterre, Royaume-Uni. — Catalogue.

New Works for Different Places : TSWA Four Cities Project, organisée par TSWA dans diverses villes du Royaume-Uni : Orchard Gallery, Derry, Irlande du Nord ; Third Eye Centre, Glasgow, Écosse ; Projects UK, Newcastle, Angleterre ; Plymouth Arts Centre, Plymouth, Angleterre, 6 sept.-28 oct. 1990 [projet refusé par la Ville de Plymouth]. — Catalogue.

Œuvres au noir, Galerie René Blouin, Montréal (QC), 18 août-15 sept. 1990.

Passages de l'image, Musée national d'Art moderne, Centre Georges Pompidou, Paris, France, 19 sept.-18 nov. 1990 [itinéraire : Fundació Caixa de Pensions, Barcelone, Espagne, 11 févr.-31 mars 1991 ; Wexner Center for the Visual Arts, Ohio State University, Columbus, Ohio, États-Unis, 12 juill.-27 oct. 1991 ; San Francisco Museum of Modern Art, San Francisco, Calif., États-Unis, 6 févr.-12 avril 1992]. — Catalogue.

XLIV Biennale di Venezia, Venise, Italie, 27 mai-30 sept. 1990. — Catalogue.

1989 *Biennale canadienne d'art contemporain*, Musée des beaux-arts du Canada, Ottawa (Ont.), 5 oct.-3 déc. 1989. — Catalogue.

Galerie René Blouin, Alberta College of Art Gallery, Calgary (Alb.), 7-28 sept. 1989.

L'Histoire et la Mémoire : acquisitions récentes en art québécois, Musée d'art contemporain de Montréal, Montréal (QC), 15 juin-3 sept. 1989.

Interior Presence : projecting situations, The Nickle Arts Museum of the University of Calgary, Calgary (Alb.), 3 mars-9 avril 1989. — Catalogue.

Fawbush Gallery, New York, N.Y., États-Unis, 1989.

1988 *Enchantment and Disturbance*, The Power Plant, Toronto (Ont.), 18 nov. 1988-8 janv. 1989. — Catalogue.

La Ruse historique : l'art à Montréal = The Historical Ruse : Art in Montreal, The Power Plant, Toronto (Ont.), 22 avril-12 juin 1988. — Catalogue.

Seventh Biennale of Sydney : From the Southern Cross : A View of World Art c. 1940-1988, Art Gallery of New South Wales & Pier 2-3, Walsh Bay, Sydney, Australie, 18 mai-3 juill.1988 ; National Gallery of Victoria, Melbourne, Australie, 4 août-18 sept. 1988. — Catalogue.

1987 *19ᵉ Bienal Internacional de São Paulo : Ruidos Do Norte = Northern Noises = Résonances boréales*, São Paulo, Brésil. — Organisée par la Winnipeg Art Gallery, Winnipeg (Man.), 2 oct.-13 déc. 1987. — Catalogue.

Elementa Naturæ, Musée d'art contemporain de Montréal, Montréal (QC), 7 juin-6 sept. 1987. — Catalogue.

Emotope [projet d'exposition de Büro Berlin ; travaux présentés dans différents lieux de Berlin], Büro Berlin ; Künstlerhaus Bethanien, Berlin, République fédérale d'Allemagne. — Projet de Geneviève Cadieux : Staatsbibliothek, Berlin, 21-27 sept. 1987. — Catalogue.

Le Geste oublié, Musée d'art contemporain de Montréal, Montréal (QC), 24 mai-30 août 1987 [itinéraire : Services des arts et de la culture de la ville de Saint-Eustache, Saint-Eustache (QC), 1ᵉʳ juin-3 juill. 1988 ; Galerie d'art du Centre culturel, Université de Sherbrooke, Sherbrooke (QC), 11 sept.-9 oct. 1988 ; Galerie d'art de Matane, Matane (QC), 20 oct.-15 nov. 1988 ; Centre national d'exposition, Jonquière (QC), 13 janv.-19 mars 1989 ; Galerie du Vieux-Couvent, Carleton (QC), 2-22 avril 1989; Galerie d'art de l'Université de Moncton, Moncton (N.-B.), 3-28 mai 1989 ; Musée régional de Rimouski, Rimouski (QC), 18 juill.-27 août 1989 ; Galerie d'art du Vieux-Palais, Saint-Jérôme (QC), 8 sept.-22 oct. 1989].

1986 *Internationaler Kunstmarket : Focus : Kanadische Kunst von 1970-1985*, Cologne, République fédérale d'Allemagne, 13-19 nov. 1986. — Catalogue.

Lumières : perception-projection, CIAC-Centre international d'art contemporain de Montréal, Place du Parc, Montréal (QC), 1ᵉʳ août-2 nov. 1986. — Catalogue.

1985 *Aurora Borealis*, CIAC-Centre international d'art contemporain de Montréal, Montréal (QC), 15 juin-30 sept. 1985. — Catalogue.

Traces : dessins canadiens contemporains/contemporary canadian drawings, Exposition produite par le CIAC-Centre international d'art contemporain de Montréal, Montréal (QC), pour le ministère des Affaires extérieures du Canada, Ottawa (Ont.). — Mise en circulation de 1987 à 1989 aux États-Unis (Washington, D. C. ; Alaska ; Ohio ; Texas). — Catalogue.

Les Vingt Ans du Musée à travers sa collection, Musée d'art contemporain de Montréal, Montréal (QC), 27 janv.-21 avril 1985. — Catalogue.

1984 *Avant-scène de l'imaginaire = Theatre of Imagination*, Musée des beaux-arts de Montréal, Montréal (QC), 14 déc. 1984-20 janv. 1985. — Catalogue.

1981 *Viewpoint : Twenty-nine by nine*, Art Gallery of Hamilton, Hamilton (Ont.), 8 janv.-22 févr. 1981 [Itinéraire en Ontario : Art Gallery at Harbourfront, Toronto, 27 mars-26 avril 1981 ; Robert McLaughlin Gallery, Oshawa , 5 mai-14 juin 1981 ; London Regional Art Gallery, London, 28 juin-26 juill. 1981 ; Art Gallery of Windsor, Windsor, 7 août-6 sept. 1981 ; The Gallery Stratford, Stratford, 14 sept.-14 oct. 1981 ; Kitchener-Waterloo Art Gallery, Kitchener, 5 nov.-13 déc. 1981 ; Agnes Etherington Art Center, Kingston, 10 janv.-21 févr.1982 ; Rodman Hall Centre, St.-Catharines, 5 mars-4 avril 1982 ; Laurentian University Museum & Art Centre, Sudbury, 1ᵉʳ juin-11 juill. 1982]. — Catalogue.

1978 *Cadieux, Duchow, Erskine, Flomen, June*, Galerie Optica, Montréal (QC), juin 1978.

BIBLIOGRAPHIE

Livres

1992 Louppe, Laurence. — «La nouvelle danse québécoise (dans les navigations du regard) = Québec new dance (in the navigation of the gaze)». — Festival international de nouvelle danse [programme souvenir]. — Montréal : Festival international de nouvelle danse, 1992. — P. 13-17

1990 Gagnon, Monika. — «Ruptures dans le paysage de la photographie». — Treize essais sur la photographie. — Ottawa : Musée canadien de la photographie contemporaine, 1990. — P. 139-156. — Existe également en version anglaise

Ross, Christine. — «Le féminisme et l'instabilité de son sujet». — Instabili : la question du sujet = The question of subject. — Montréal : La Galerie Powerhouse (La Centrale) ; Artexte, 1990. — P. 16-23, 129-135. — Aussi en anglais

Siler, Todd. — Breaking the mind barrier. — New York : Simon and Schuster, 1990. — P. 318-319

1988 Cadieux, Geneviève. — Storyville portraits, le petit prince. — Montréal : Galerie Oboro ; Galerie René Blouin, 1988. — 25 p. — Livre d'artiste publié à 60 exemplaires

1983 Burnett, David ; Schiff, Marilyn. — Contemporary Canadian art. — Edmonton : Hurtig Publishers Ltd., 1983. — P. 205-207

Catalogues d'expositions

1992 Blanchette, Manon. — «Une éthique de l'esthétique, les dimensions du corps». — La collection : tableau inaugural. — Montréal : Musée d'art contemporain de Montréal, 1992. — P. 375-381

B.[lanchette], M.[anon]. — «Geneviève Cadieux». — La collection : tableau inaugural. — Montréal : Musée d'art contemporain de Montréal, 1992. — P. 390-391

Lingwood, James. — «Geneviève Cadieux [interview]». — Geneviève Cadieux. — Londres : ICA-Institute of Contemporary Arts, 1992. — [6 p.]. — Feuillet publié par ICA Education

Pontbriand, Chantal. — [Geneviève Cadieux]. — Pour la suite du monde : cahier : propos et projets. — Montréal : Musée d'art contemporain de Montréal, 1992. — P. 16-17. — Texte en français et en anglais

Prévost, Jean-Marc. — «Le corps des apparences». — Geneviève Cadieux.— Rochechouart : Musée départemental d'art contemporain de Rochechouart, 1992. — N.p.

Yarlow, Loretta. — «Introduction». — Crossroads. — North York : Art Gallery of York University, 1992. — P. 9-11

1991 Morin, France. — "The interrupted life". — New York : The New Museum of Contemporary Art, 1991. — P. 15

Noble, Alexandra. — «Geneviève Cadieux». — Outer space. — London : The South Bank Centre, 1991. — P. 14-15

Pontbriand, Chantal. — «Alice ou la respiration de l'imaginaire québécois». — Un archipel de désirs : les artistes du Québec et la scène internationale. — Sous la direction de Louise Déry. — Québec : Musée du Québec, 1991. — P. 29-36, 48-49

1990 Aumont, Jacques. — «Image, visage, passage». — Passages de l'image. — Sous la direction de Raymond Bellour, Catherine David et Christine Van Assche. — Paris : Centre Georges Pompidou, 1990. — P. 61-70

Chevrier, Jean-François ; David, Catherine. — «Actualité de l'image». — Passages de l'image. — Sous la direction de Raymond Bellour, Catherine David et Christine Van Assche. — Paris : Centre Georges Pompidou, 1990. — P. 17-36

Lingwood, James. — New works for different places : TSWA four cities project. — TSWA, 1990. — P. [98-103]

Pontbriand, Chantal. — «Le langage est une peau». — Geneviève Cadieux : Canada XLIV Biennale di Venezia. — Montréal : Parachute, 1990. — P. 11-27. — Aussi en anglais et italien

Pontbriand, Chantal. — «Geneviève Cadieux». — XLIV esposizione internazionale d'arte : la Biennale di Venezia. — Venezia : Edizioni La Biennale di Venezia, 1990. — P. 150-151

Pontbriand, Chantal. — «Un corps à corps photographique». — Passages de l'image. — Sous la direction de Raymond Bellour, Catherine David et Christine Van Assche. — Paris : Centre Georges Pompidou, 1990. — P. 146-148. — Version espagnole/anglaise publiée par la Fundació Caixa de Pensions, Barcelone, Espagne, en 1991

1989 Bélisle, Josée. — «L'histoire et la mémoire». — L'histoire et la mémoire : acquisitions récentes en art québécois. — Montréal : Musée d'art contemporain de Montréal, 1989. — N. p.

Milthorp, Robert. — «Interior presence : projecting situations». — Interior presence : projecting situations. — Calgary : The Nickle Arts Museum of the University of Calgary, 1989. — P. 9-13, 18-21

Nemiroff, Diana. — [Geneviève Cadieux]. — Biennale canadienne d'art contemporain = Canadian Biennial of contemporary art. — Ottawa : Musée des beaux-arts du Canada, 1989. — P. 96-97. — Texte en français et en anglais

1988 Baert, Renee. — «Enchantment/disturbance». — Enchantment/disturbance. — Toronto : The Power Plant, 1988. — P. 27-33, 37

Holubizky, Ihor. — «Foreword». — Geneviève Cadieux. — Toronto : The Power Plant, 1988. — P. 6-7

Pontbriand, Chantal. — «Geneviève Cadieux». — La ruse historique : l'art à Montréal = The historical ruse : art in Montreal. — Toronto : The Power Plant, 1988. — P. 82-98. — Texte en français et en anglais

1987 Gagnon, Monika. — «Geneviève Cadieux». — Elementa naturæ. — Montréal : Musée d'art contemporain de Montréal, 1987. — P. 26-27. — Texte en français et en anglais

Landry, Pierre. — «Le geste oublié». — Le geste oublié. — Montréal : Musée d'art contemporain de Montréal, 1987. — P. 8-17, 30

1986 Bérard, Serge. — [Geneviève Cadieux]. — Lumières : perception-projection. — Montréal : CIAC-Centre international d'art contemporain de Montréal, 1986. — P. 60-61. — Texte en français et en anglais

1985 Traces : dessins canadiens contemporains. — Ottawa : ministère des Affaires extérieures du Canada, 1985. — P. 11-13, 15, 32

Thériault, Normand. — «Anatomie d'une exposition». — Aurora Borealis. — Montréal : CIAC-Centre international d'art contemporain de Montréal, 1985. — P. 54-61

L.[andry], P.[ierre]. — «Geneviève Cadieux». — Les vingt ans du Musée à travers sa collection. — Montréal : Musée d'art contemporain de Montréal, 1985. — P. 64-[65]

1984 Landry, Pierre. — «Geneviève Cadieux». — Avant-scène de l'imaginaire = Theatre of imagination. — Montréal : Musée des beaux-arts de Montréal, 1984. — P. 27-29, 30-37. — Texte en français et en anglais

Racine, Yolande. — «Une exposition d'œuvres de Sandra Meigs, Geneviève Cadieux et Françoise Boulet regroupées sous le thème de l'installation et ses rapports avec la mise en scène théâtrale». — Avant-scène de l'imaginaire = Theatre of imagination. — Montréal : Musée des beaux-arts de Montréal, 1984. — P. 1-8. — Aussi en anglais

1982 Swain, Robert. — «Introduction». — Works by Geneviève Cadieux. — Kingston : Agnes Etherington Art Centre, 1982. — N. p.

1981 Cumming, Glen E. — «Introduction». — Viewpoint : twenty-nine by nine. — Hamilton : Art Gallery of Hamilton, 1981. — P. 9-13, [62-63]

Document vidéographique

1992 «[Entrevue avec Geneviève Cadieux]». — Capsule vidéo : extraits d'entrevues avec 16 artistes participant à l'exposition «Pour la suite du Monde» [enregistrement vidéo]. — Réalisation, Louise Mondoux. — Montréal : Musée d'art contemporain de Montréal, 1992. — 1 vidéocassette, 58 min, 3/4 po, coul. — Entrevue de 4 min menée par Emeren Garcia. — Existe également sur vidéocassette 1/2 po VHS

Articles de périodiques

1992 Amouroux, Éric. — «Pour la suite du monde» — Galeries Magazine. — N° 51 (oct./nov. 1992). — P. 154. — Aussi en anglais

Bellavance, Guy. — «Opening : "Pour la suite du Monde" : Musée d'art contemporain de Montréal». — C Magazine. — N° 35 (Fall 1992). — P. 36-47

Bogardi, Georges. — «Pour la suite du monde : Musée d'art contemporain de Montréal». — Canadian Art. — (Fall 1992). — P. 94-96

Bonet, Eugeni. — «Noves tecnologies : sida i crítica social en l'art contemporani». — Avui [Barcelone]. — (23 de setembre de 1992)

Cornwell, Regina. — «The interrupted life : The New Museum of Contemporary Art, New York». — Canadian Art. — Vol. 9, n° 1 (Spring = Mar. 1992). — P. 70-73

Duncan, Ann. — «Mixed blessing? : museum's new location will mean more visitors - and more controversies». — The Gazette. — (June 6, 1992). — P. J-5

Gale, Peggy. — «Crossroads and reading : public signs ; private acts : The Art Gallery of York University». — Canadian Art. — (Spring 1992). — P. 64-68

Gartside, Mike. — «Outer space». — Venue [Grande-Bretagne]. — (June 19/July 3, 1992)

Goodeve, Thyrza Nichols. — «Other images appear, merge, in that museum that is perhaps memory». — Camerawork [San Francisco]. — Vol. 19, n° 1 (Spring 1992). — P. 30-37

Graham-Dixon, Andrew. — «Postcards from the edge». — The Independent [Grande-Bretagne]. — (Apr. 21, 1992)

Grundberg, Andy. — «Hear me with your eyes... the body language of Geneviève Cadieux». — Vogue [Grande-Bretagne]. — (Aug. 1992)

Hilton, Tim. — «All together now, but separately». — The Guardian. — (Mar. 26, 1992)

Kaufman, Jason. — «The Montreal Museum of contemporary art». — Atelier [Tōkyō]. — N° 789 (nov. 1992). — P. 77-90. — Aussi en japonais

Mays, John Bentley. — «Practicing the art of beeing seen». — The Globe and Mail. — (May 30, 1992). — P. C-4

McLeod Scott. — «Voices : Geneviève Cadieux». — Ideas and Debates [Toronto]. — N° 4 (Spring 1992). — P. 4-7

Pontbriand, Chantal. — «Pour la suite du monde : Musée d'art contemporain de Montréal». — Parachute. — N° 68 (oct./nov./déc. 1992). — P. 52-53

R.[acine], Y.[olande]. — «Nouveau déploiement de la collection d'art contemporain dans le pavillon Jean-Noël Desmarais». — Collage. — (Janv./févr. 1992). — P. 6-7. — Publié par le Musée des beaux-arts de Montréal

Smith, Caroline. — «Outer space : suspended states». — Art Monthly. — (May 1992)

Staples, Ilona. — «Unmasking media culture». — Edges. — Vol. 3, n° 3 (1992). — P. 20-24

Viau, René. — «Geneviève Cadieux, à fleur de peau». — Libération. — (28 oct. 1992). — P. 34

1991 Archer, Michael. — «Invisible yearnings : the TSWA - four cities project : new works for different places». — Artscribe. — (Jan./Feb. 1991). — P. 60-63

Cornwell, Regina. — «Passages de l'image : Wexner Center for the Arts, Columbus, Ohio». — Canadian Art. — Vol. 8, nº 4 (Winter 1991). — P. 72-74

D., M. — «Geneviève Cadieux : portrait de famille». — L'Hebdo [Lausanne]. — Nº 23 (6 juin 1991). — P. 91

Denson, G. Roger. — «Geneviève Cadieux : Kent Fine Art». — Flash Art. — Vol. 24, nº 158 (May/June 1991). — P. 138-139

Dumont, Jean. — «Un archipel de désirs». — Le Devoir. — (8 juin 1991). — P. C-10

Faust, Gretchen. — «Geneviève Cadieux : Kent Fine Art». — Arts Magazine. — Vol. 65, nº 9 (May 1991). — P. 96-97

Giroud, Manuela. — «Le lieu ouvert». — Le Nouvelliste [Suisse]. — (4 oct. 1991). — P. 13

H.[eartney], E. — «Geneviève Cadieux : Kent Fine Art». — Art News. — Vol. 90, nº 6 (Summer 1991). — P. 157

Hume, Christopher. — «York U's outdoor show flunks public-art test». — The Toronto Star. — (Oct. 4, 1991). — P. D-12

Janus, Elizabeth. — «Geneviève Cadieux». — Arti [Athènes]. — Vol. 6 (sept./oct. 1991). — P. 156-157. — En grec et en anglais

Janus, Elizabeth. — «Geneviève Cadieux : Centre d'Art Contemporain Genève, May 25-July 21». — Parachute. — Nº 64 (oct./nov./déc. 1991). — P. 60-62

Jiménez, Carlos. — «Art in the dream factory». — Làpiz. — Nº 76 (Mar. 1991). — P. 52-61. — Édition internationale en anglais

Lamoureux, Johanne. — «French kiss from a no man's land : translating the art of Quebec». — Arts Magazine. — Vol. 65, nº 6 (Feb. 1991). — P. 48-54

Lloyd, Ann Wilson. — «Geneviève Cadieux at Galerie René Blouin». — Art in America. — Vol. 79, nº 5 (May 1991). — P. 177, 179

Philippi, Desa. — «TSWA four cities project». — Parachute. — Nº 61 (janv./févr./mars 1991). — P. 69-72

Phillips, Christopher. — «Between pictures». — Art in America. — Vol. 79, nº 11 (Nov. 1991). — P. 104-115

Poiatti, Myriam. — «Mises en boîte : Geneviève Cadieux au CAC». — La Tribune de Genève. — (15 juin 1991)

Schaffner, Ingrid. — «Skin on the screen». — Artscribe. — Nº 89 (Nov./Dec. 1991). — P.52-57 ; p. couv.

Smith, Roberta. — «The faces of death : a multi-media meditation». — The New York Times. — (Sept. 13, 1991). — P. C-18

Taylor, Kate. — «Site for sore eyes treated to some strong medicine». — The Globe and Mail. — (Sept. 27, 1991). — P. C-7

1990 Atelier [Tōkyō]. — Nº 763 (Sept. 1990)

«Ex-Ottawa artist enters Venice show with scar-and-kiss picture». — The Citizen. — (May 31, 1990). — P. C-4

«Geneviève Cadieux à Venise». — Le Devoir. — (19 avril 1990)

«Photographer at art show». — The Leader Post [Regina]. — (May 30, 1990)

Abramovitch, Ingrid. — «Canada enters art show with scar and a kiss from Montreal artist». — The Chronicle Herald [Halifax]. — (May 31, 1990)

Albertazzi, Liliana. — «Canada». — Contemporanea. — Vol. 3, nº 2 (Feb. 1990). — P. 86-87

Balfour Bowen, Lisa. — «Biennale spectacle : Canadian adventures in the skin trade». — The Sunday Sun [Toronto]. — (June 10, 1990). — P. S-15

B.[ergeron], S.[erge]. — «"Hear me with your eyes" de Geneviève Cadieux... une œuvre qui parle d'elle-même». — Collage. — (Juill./août 1990). — P. 8. — Publié par le Musée des beaux-arts de Montréal

Blase, Christophe. — «Mal wieder alles und jeder in Venedig». — Kunst-Bulletin. — Nºs 7-8 (August 1990)

Breerette, Geneviève. — «À Venise, une Biennale éclatée et multiple». — Le Monde. — (30 mai 1990). — P. B-11

Cologan, Guy ; Simoni, Jean-Bernard. — «Passages de l'image». — Petit Journal. — Nº 24 (19 sept./19 nov. 1990). — N.p. — Publié par le Musée national d'art moderne, Centre Georges Pompidou, Paris

Coumans, Willem K. — «Biennale van Venetie eert fotografie». — Foto. — (Okt. 1990). — P. 36-39

Dagenais, Francine. — «Une artiste québécoise : Geneviève Cadieux». — Le Journal du Musée d'art contemporain de Montréal. — Vol. 1, nº 1 (mai/juin 1990). — P. 6

Dumont, Jean. — «Geneviève Cadieux : un regard à Venise». — Vie des Arts. — Vol. 35, nº 139 (juin 1990). — P. 20-23

Dumont, Jean. — «Avant que l'été ne disparaisse...». — Le Devoir. — (1er sept. 1990). — P. C-12

Dumont, Jean. — «Le passage du moi à l'autre, l'étranger absolu». — Le Devoir. — (8 déc. 1990). — P. C-11

Duncan, Ann. — «Montreal artist's powerful images bound to conjure range of reactions». — The Gazette. — (Apr. 21, 1990). — P. H-5

Duncan, Ann. — «Canadian artists are reaping praise at Venice's biennale». — The Gazette. — (July 21, 1990). — P. J-2

Duncan, Ann. — «Gathering of critics offers rare chance for Canadian artists». — The Gazette. — (Aug. 18, 1990). — P. K-1

Durand, Régis. — «Geneviève Cadieux : donner un corps à la vision». — Art press. — N° 147 (mai 1990). — P. 36-38. — Repris dans : Régis Durand, *La Part de l'ombre : Essais sur l'expérience photographique*, Paris : La Différence, 1990, P. 123-127

F., M. — «A dos por tres». — El Pais. — (15 septiembre 1990)

Ferrer, Esther. — «The image, from every angle». — Lápiz. — N° 69 (June 1990). — P. 50-55. — Édition internationale en anglais

Gale, Peggy. — «Skin deep». — Canadian Art. — Vol. 7, n° 1 (Spring = Mar. 1990). — P. 58-65, p. couv.

Garlake, Margaret. — «Brown bagging in Venice». — Art Monthly. — (July/Aug. 1990). — P. 3-5

Gauville, Hervé ; Soutif, Daniel. — «Biennale : Venise, sexe, dollars et goupillon». — Libération. — (28 mai 1990). — P. 42-43

Godfrey, Stephen. — «A window on the Venice Biennale : Cadieux unveils mock-up of works». — The Globe and Mail. — (Apr. 19, 1990)

Harvey, Andrée. — «Geneviève Cadieux : intimité publique». — MTL Montréal. — (Juin/juill. 1990)

Kimmelman, Michael. — «Venice Biennale opens with surprises». — The New York Times. — (May 28, 1990). — P. C11, C17

Lamoureux, Johanne. — «La statistique canadienne : a state ethics». — Parachute. — N° 60 (oct./nov./déc. 1990). — P. 49-52

Lepage, Jocelyne. — «Un baiser gigantesque de Geneviève Cadieux pour la 44ᵉ Biennale de Venise». — La Presse. — (19 avril 1990)

Lepage, Jocelyne. — «Geneviève Cadieux : doux souvenirs de Venise». — La Presse. — (7 juill. 1990). — P. I-6

Lynn, Victoria. — «Sydney Biennale». — Arts Magazine. — Vol. 65, n° 2 (Oct. 1990). — P. 124-125

Mayrand, Céline. — «L'aperitivo di Venezia : Biennale de Venise». — ETC Montréal. — N° 13 (déc. 1990 = hiver). — P. 42-44

Mays, John Bentley. — «Venetian visions : U.S., Canadian artists bring provocative works to Biennale». — The Globe and Mail. — (May 26, 1990). — P. C-15

Milsani ; Trichon ; Uridice. — «Geneviève Cadieux». — La Photographe [Athènes]. — (Nov. 1990)

Nuridsany, Michel. — «Biennale de Venise». — Galeries Magazine. — N° 38 (août/sept. 1990). — P. 105-106, 142

Nuridsany, Michel. — «Centre Georges-Pompidou : l'image métisse». — Le Figaro. — (13 nov. 1990). — P. 31

Patten, James. — «The gift horse : recent acquisitions 1989-1990 at the Mtl Museum of Fine Arts». — Montreal Mirror. — (Nov. 22/29, 1990). — P. 5

Pontbriand, Chantal. — «Peintres de la vie moderne : Geneviève Cadieux, Jenny Holzer, Lothar Baumgarten». — Parachute. — N° 60 (oct./nov./déc. 1990). — P. 13-19

Saint-Gelais, Thérèse. — «Geneviève Cadieux». — The Massachusetts Review. — Vol. 31, n°s 1-2 (Spring/Summer 1990). — P. 249-[256]

Saint-Gelais, Thérèse. — «Geneviève Cadieux». — Beaux-Arts Magazine. — n° 82 (sept. 1990). — P. 118-119

Scudero, Domenico. — «XLIV Venice Biennale». — Tema Celeste. — Vol. 8, n° 4 = n°s 27/28 (Nov./Dec. 1990). — P. 52-54

Serraller, F. Calvo. — «El espectáculo está servido». — El Pais. — (2 de Junio 1990). — P. 8-9/Artes

Tarantino, Michael. — «Geneviève Cadieux : close up». — Artforum. — Vol. 28, n° 8 (Apr. 1990). — P. 160-164

Thériault, Normand. — «Jalonnement du terrain culturel au Québec = Mapping out a cultural space». — Fuse. — Vol. 14, n°s 1-2 (Fall 1990). — P. 30-39

Van Kannel, John. — «Photos to Venice». — The Hill Times [Ottawa]. — (June 14, 1990). — P. 6

Vescovo, Marisa. — «La pœtica della differenza : presenze di artiste alla biennale». — Titolo. — Vol. 1, n° 2 (autunno 1990). — P. 10-12

Wulffen, Thomas. — «A german problem?». — Flash Art. — Vol. 23, n° 154 (Oct. 1990). — P. 140

1989 Andrea, Janice. — «Enchantement/disturbance : The Power Plant, Toronto». — Parachute. — N° 55 (juill./août/sept. 1989). — P. 48-49

Dawson, Eric. — «Artists use technology to explore media culture». — Calgary Herald. — (Mar. 8, 1989). — P. D-3

Duncan, Ann. — «Montrealers will do Canada proud at international shows». — The Gazette. — (Feb. 18, 1989). — P. H-5

Duncan, Ann. — «Four Montrealers honored with invite to Sydney show». — The Gazette. — (Dec. 22, 1989). — P. D-8

Giuliano, Charles. — «Letter from Montreal : art consciousness grows in the Paris of North America». — The Journal of Art. — Vol. 1, n° 6 (June/July 1989). — P. 55

Hesselink, Mark. — «Whose pleasure?». — Vanguard. — Vol. 18, n° 2 (Apr./May 1989). — P. 32-33

Lepage, Jocelyne. — «Goodwin et Cadieux à São Paulo et Venise». — La Presse. — (2 mars 1989)

Lepage, Jocelyne. — «Cadieux à Montréal avant Venise». — La Presse. — (26 mai 1989). — P. C-1

Lloyd, Ann Wilson. — «Canada comes of age». — Contemporanea. — Vol. 2, n° 8 (Nov. 1989). — P. 60-67

Mays, John Bentley. — «Optimistic about the state of the art : Parachute's editor sees good-news stories almost everywhere». — The Globe and Mail. — (Sept. 1, 1989). — P. A-11

Mays, John Bentley. — «What's a biennial without a few prizes?». — The Globe and Mail. — (Oct. 14, 1989). — P. C-5

Miller, Earl. — «First biennial of contemporary canadian art : National Gallery, Ottawa». — C Magazine. — N° 24 (Dec. 1989 = Winter). — P. 58-59

Milthorp, Robert. — «Interior presence : projecting situations». — Parachute. — N° 56 (oct./nov./déc. 1989). — P. 69-70

Papineau, Jean. — «Écrans de réflexion [interview]». — Parachute. — N° 56 (oct./nov./déc. 1989). — P. 20-22

Schroth, Mary Angela. — «Canada». — Juliet Art Magazine. — N° 1 (Apr./May 1989). — P. 24-25

Scott, Kitty. — «Geneviève Cadieux : Galerie René Blouin, Montréal». — Parachute. — N° 56 (oct./nov./déc. 1989). — P. 65-66

Zahm, Olivier. — «La renaissance de l'image». — New Art International. — N° 1 (janv. 1989). — P. 73-77

1988 Daigneault, Gilles. — «Trois formes de démesure». — ETC Montréal. — N° 3 (printemps 1988). — P. 55-56

Dumont, Jean. — «Cadieux, Boulet, Kelly : entre l'œil et le regard». — La Presse. — (30 janv. 1988). — P. J-4

Faust, Wolfgang Max. — «Emotope : a project of Büro Berlin». — Artforum. — Vol. 26, n° 5 (Jan. 1988). — P. 131

Le Grand, Jean-Pierre. — «L'inconstance du désir». — ETC Montréal. — N° 5 (automne 1988). — P. 56-57

Mays, John Bentley. — «Artwork well served by Power Plant arrangement». — The Globe and Mail. — (Mar. 12, 1988). — P. C-14

McGee, Roger. — «Northern noises : 19th São Paulo international Biennial». — Canadian Art. — (Spring 1988). — P. 93-94

Millet, Catherine. — «La 19e Biennale de São Paulo». — Art press. — N° 121 (janv. 1988). — P. 19-21

St-Gelais, Thérèse. — «Geneviève Cadieux : le regard et le visible». — Parachute. — N° 51 (juin/juill./août 1988). — P. 4-10. — Aussi en anglais, p. 43-44

Tenhaaf, Nell. — «Virus : Geneviève Cadieux : Galerie René Blouin». — C Magazine. — N° 18 (June 1988). — P. 44-45

Young, Jane. — «Geneviève Cadieux». — Vanguard. — Vol. 17, n° 2 (Apr./May 1988). — P. 31

1987 Asselin, Olivier. — «Elementa naturæ : Musée d'art contemporain de Montréal». — Vanguard. — Vol. 16, n° 5 (Nov. 1987). — P. 42-43

Dumont, Jean. — «Le corps inscrit dans l'œuvre». — La Presse. — (27 juin 1987)

Ferguson, Bruce. — «Northern noises». — Vanguard. — Vol. 16, n° 6 (Dec. 1987/Jan. 1988). — P. 10-13

Freybourgh, A. M. — «Das Emotope im Kopf». — Wolkenkratzer Art Journal [Francfort]. — N° 6 (November/Dezember 1987). — P. 43-44

Gauthier, Ninon. — «L'art contemporain en vacances». — Finance. — (17 août 1987). — P. 17

Greenberg, Reesa. — «In praise of lumières». — C Magazine. — N° 12 (1987). — P. 36-41

Keziere, Russell. — «Ich bin ein woodcutter : Kanada/Europa/Amerika». — Vanguard. — Vol. 16, n° 1 (Feb./Mar. 1987). — P. 15-19

Lepage, Jocelyne. — «Elementa naturæ/quand l'art se met au vert». — La Presse. — (6 juin 1987). — P. F-1

Russell, Bruce. — «Geneviève Cadieux : looking ahead». — MTL. — (Dec. 1987). — P. 73

Saint-Pierre, Gaston. — «Elementa naturæ». — Parachute. — N° 49 (déc. 1987/janv./févr. 1988). — P. 31-32

Smolik, Nœmi. — «Focus : Canadian art from 1960 to 1985». — Canadian Art. — Vol. 4, n° 1 (Spring = Mar. 1987). — P. 92-93

Thériault, Normand. — «De l'installation». — La Nouvelle Barre du jour. — N° 185 (1987). — P. 24-25

Wulffen, Thomas. — «"Emotope" : Büro Berlin». — Nœma Art Magazine [Allemagne]. — N° 15 (1987)

1986 Dagenais, Francine. — «Lux nova?». — Vanguard. — Vol. 15, n° 6 (Dec. 1986/Jan. 1987). — P. 26-28

Evans-Clark, Phillip. — «Messages sent in the medium of light». — The New York Times. — (Aug. 17, 1988). — P. H-29

Evans-Clark, Phillip. — «Lumières : perception-projection». — Art press. — N° 108 (nov. 1986). — P. 65

Falk, Lorne. — «Light fantastic : fresh illumination dawns at the Montreal international centre of contemporary art». — Canadian Art. — Vol. 3, n° 4 (Winter 1986). — P. 64-68

Hagen, Charles. — «Lumières : perception-projection : Centre international d'art contemporain». — Artforum. — Vol. 25, n° 3 (Nov. 1986). — P. 145

Lepage, Jocelyne. — «Geneviève Cadieux : "ça ne change rien"». — La Presse. — (13 sept. 1986). — P. F-1

Magnani, Gregorio ; Verzura, Donatella. — «Lumières : Centre d'art contemporain». — Flash Art. — N° 131 (Dec.1986/Jan. 1987). — P. 115

1985 Dagenais, Francine ; Tourangeau, Jean. — «Aurora Borealis : un editoriale canadien». — Vanguard. — Vol. 14, n° 9 (Nov. 1985). — P. 21-25

Grenville, Bruce. — «Theatre of the imagination». — C Magazine. — N° 5 (Spring 1985). — P. 58-59

Oille, Jennifer. — «Aurora Borealis : bureaucratized art». — Art Monthly. — (Sept. 1985). — P. 10-11

Payant, René. — «Avant-scène de l'imaginaire : Musée des beaux-arts de Montréal». — Parachute. — N° 38 (mars/avril/mai 1985). — P. 43-44

Tourangeau, Jean. — «Theatre of imagination : Montreal Museum of Fine Arts». — Vanguard. — Vol. 14, n° 3 (Apr. 1985). — P. 36

1984 Daigneault, Gilles. — «Avant-scène de l'imaginaire : participer à l'écriture de l'histoire de l'art». — Le Devoir. — (15 déc. 1984). — P. 25, 35

Lepage, Jocelyne. — «Au Musée des beaux-arts : mise en scène de l'imaginaire». — La Presse. — (22 déc. 1984). — P. F-1

1982 Fleming, Martha. — «Geneviève Cadieux, Landon Mackenzie and Lyne Lapointe : Galerie France Morin». — Artforum. — Vol. 20, n° 8 (Apr. 1982). — P. 86-87

1981 Toupin, Gilles. — «Cadieux et Kœnig : deux visages de la séduction». — La Presse. — (24 oct. 1981). — P. C-25

1978 Toupin, Gilles. — «D'une exposition à l'autre : tournée de réalisme...». — La Presse. — (22 juin 1978). — P. D-2

TRADUCTIONS

FOREWORD

Since the 44th Venice Biennial in 1990, Geneviève Cadieux's *œuvre* has had an increasingly profound effect on the international scene, so much so that one might be tempted to say she is better known abroad than at home. In this light, the Musée d'art contemporain de Montréal wishes to present, not a retrospective — it is difficult to speak of a retrospective when, although there is clearly a strong body of work, a great many discoveries still await us — but an overview, bringing together a sufficient number of works to assist the visitor in understanding the artist's inner quest, and the stages it takes her through. By "quest" I do not mean to align myself with those who would ask themselves "What was the artist saying?" or, even more provocatively, in the manner of Jean-Paul Sartre, "What do you have to say?" (in other words, "What do you know?"). These questions are asked as if the artist, blessed with insight denied to ordinary mortals, had been given the task of instructing them. But the "answer" here, or perhaps more specifically the "sense," does not precede the creative act, but is rather preceded and instigated by it. This is, in fact, just what Paul Valéry was speaking of when he said: "If, as happens from time to time, people ask me, or are troubled — and sometimes quite deeply — about what I wanted to say ... I reply that I did not want to say, but to act, and that it was this impetus towards action that led me to say what I did." Act. But with what means? For Geneviève Cadieux, the answer lay, no doubt, in a welter of emotions, memories and images, but also with a wealth of diverse and contrasting materials: porcelain and concrete, bronze and parchment, mirrors and lead plating — and light, always elusive and haunting, as created by the process of the photographic medium. These, and many other aspects as well, are touched upon in the texts of art critic Jacinto Lageira, and Gilles Godmer, curator at the museum and organizer of this exhibition. We are extremely grateful for their work. I also wish to acknowledge all the museum employees who, in one way or another, helped to make this exhibition possible. Finally, I would like to thank the members of the public for their gracious support.

Marcel Brisebois
Director

Bruises of Photography

Gilles Godmer

"Now Tragedy is anatomical."[1]
— Jean Epstein

When French film director and theoretician Jean Epstein wrote these words, he was talking about the cinematic close-up: "[...] Tragedy is becoming anatomical, meaning that its space is narrowing and closing in on the body, on minute movements on the body surface (the world is shrinking), at the same time as these movements are becoming absolute events."[2] Oddly enough, anyone familiar with Geneviève Cadieux's photographic work since its beginnings, more than twelve years ago now, might believe that those thoughts were actually inspired by an observation of her photography, in which the body is omnipresent.

The body and photography are at the very root of Geneviève Cadieux's work. They are intrinsically connected, like twins. One does not seem to go without the other; the other seems barely conceivable without the one. What is more, the use of both one and the other, as the work progresses, tends to reveal the existence of a further connection, one that is metaphorical in nature: in its fragility and sensitivity, the skin echoes the photographic film while, in turn, the latter's role of memory/screen falls to the body.

That body is there, in all the works. From one to the next, it is at the centre of each of their strategies. Sometimes bold and surprising, sometimes opting for subtle variations in a recurring "motif," these constantly rethought ways of presenting it never exhaust the expressive, creative potential which the artist derives from it. From a presentation of its entirety to the singling out of a detail of one of its parts, the body is displayed in all its conditions. Whether the shot is full length or medium close, the image focuses most often on fragments: face, trunk, eyes, mouth/lips, feet, and even the skin and its marks — scars and bruises — ambiguous images found in the works *Trou de mémoire, la beauté inattendue*, *La Fêlure, au chœur des corps* and *Blues*.[3]

Of the variety of ways employed by Cadieux to present the body, some suggest a limited use of it — for example, the enlargements that bring out details of the skin. In another vein entirely, the viewer's own body is the subject of a kind of staging; it is a party, albeit unwillingly, to a strategy which it cannot elude.

It has been noted that the meeting or juxtaposition (and at times, the transparent superimposition) of two photographs, two elements, or even a text and an image are processes commonly and repeatedly used by the artist.[4] As in this type of variation, the use of two images or two elements facing one another, which include the viewers in spite of themselves, sheds particular light on certain clearly defined goals of Cadieux regarding their physical participation in some works, including *Voices of Reason/Voices of Madness* and *Éclipse*. Indeed, it is difficult for viewers to look at these works without becoming participants. Somewhat differently, *À fleur de peau* and *Trou de mémoire, la beauté inattendue* are "traps" held out to viewers, and to their images. In short, while Cadieux's work takes shape and opens out in a dynamic of encounter, dominated by images of the body, viewers feel and see themselves often drawn in.

Anyone observing the development of Geneviève Cadieux's photographic work over these years, however, will be struck mainly by the use of anatomical details, in those close-ups — not so much photographic as cinematographic — in which the fragmented body exhibits an intimacy verging on provocation, at a scale to which photography had not really accustomed us except, perhaps, in those enlargements, generally photographic, which we see used for advertising purposes.

★

> "Photography may be conceived of without the possibility of the close-up. Cinema, however, may not: 'The close-up is the soul of cinema,' said Epstein."[5]

Quite clearly, the close-up constitutes a turning point — even a meeting point — for two means of expression, two art

---

1. Quoted by Pascal Bonitzer in "La métamorphe," *Revue Belge du Cinéma*, No. 10 (Winter 1984-1985), p.7. — Special issue on the close-up.

2. Bonitzer, Pascal, *op. cit.*, p.7.

3. The following examples may be cited: full-length shots (the *Illusion* series, *La Blessure d'une cicatrice ou les Anges*, etc.); and medium-close shots (*Ravissement*, among others). As regards the use of fragments, the face is highlighted in the following works: *Voices of Reason/Voices of Madness*, *Hear Me with Your Eyes*, *Portrait de famille*, etc.; the trunk, in *Écho*, *Portrait de famille*; the eyes, in *Séquence nº 6*, *Parfum*, *Amour aveugle*; the mouth/lips, in *Éclipse*, *Hear Me with Your Eyes*, *La Voie lactée*, *Amour aveugle*; and, finally, the feet, in *L'Inconstance du désir*.

4. Note that the work and its title — with Cadieux, the title is an important element in the work — extend this process.

5. Bonitzer, Pascal, *op. cit.*, p. 7.

forms.[6] While there is no doubt that photography may be conceived of without the possibility of the close-up, photography today seeks increasingly to appropriate it and associate itself with it. When the artist chooses to present it, as does Cadieux, in expanded photographic formats, however, the allusion to cinema comes to the fore.

If the use of these details of the human body, in relation to the largeness of the scale, offers a cinematographic reminder (the close-up) in Cadieux's work, this is definitely not a chance or even isolated connection. The artist herself willingly applies the cinematic comparison in discussing one of her works (*La Blessure d'une cicatrice ou Les Anges*): "The difference in scale was generally supposed to throw the viewer off balance and, possibly, to show things that go unnoticed on a smaller scale, a little like close-ups, slow motion and quick motion in cinema, which are said to have a revealing effect, and so bring us to discover things that normally would have remained hidden."[7]

Referring to the very principle of cinematography, her early works consisted of a succession/juxtaposition of images which accumulated points of view of a single body (*Illusion n° 7*) or minute variations of a single point of view (*Illusion n° 5*), or else juxtaposed and accumulated different viewpoints, or even different images, of a single detail, such as the eye or eyes (*Séquence n° 6* and, later on, *Parfum*). Even the title of one of these series — *Séquence* — is highly evocative.

Going beyond allusion, the installation *Voices of Reason/Voices of Madness* involves two projections of images. One of them is actually more a single movie frame. There is no longer any doubt here; the format is the equivalent of a movie screen. Arising out of a previous experiment with 16-mm film, this black and white frame — Cadieux's use of colour in relation to black and white is very like that seen in motion pictures — is "reactivated" by means of an electronic device: the image flickers, leaving and returning to the focal line constantly. (*Hear Me with Your Eyes* subsequently used another frame taken from this same film.)

Again evoking cinema, but in another way, several works (once more related to their presentation format) also call upon images long identified with that art and sanctioned by it. While the face in general,[8] and the look in particular, are among those images, the depiction of the kiss — cinematic emblem *par excellence*, is central to an important work by the artist.

Entitled *La Fêlure, au chœur des corps*, this piece placed special demands on the viewer, in its installation version that occupied the window of the Canadian pavilion in Venice — first of all, because of the chosen exhibition site, complicated to reach and with difficult sight angles. In addition, because of the way the site required the image to be cut up into several sections, and because of the almost abstract nature of these photographic enlargements in which the grain of the photograph itself and the grain of the skin (the image reproduced) merged together, not only were viewers gradually and physically drawn to the image, but it was practically up to them to reconstruct it, to make an "active reading" of it.

This very particular process of enlargement, cutting up, and then "reconstruction" of the image could well describe the cinematographic process itself: in the way it cuts out reality and manipulates it, as well as in what the editing, an "illusory attempt to reconstruct the order of reality,"[9] sometimes demands from the viewer.

Finally, as in motion pictures, the photographic close-up in Cadieux's work tends to overflow somewhere off screen.[10] (What part of the body do this scar and this bruise occupy? What are they in relation to the body? Are they the only ones there? And this body, does it belong to a man or a woman? What kind of body are this face, this look attached to? How is this body posed? Does it show other signs of pain(?) than are expressed in this face?) "Taking a photograph is slicing into the continuity of reality. Everything that is caught in the frame goes on outside it, and the look we cast at a photograph cannot but perceive this absence."[11] At the sight of a close-up, the imagination is immediately stimulated. Wanting to keep strictly within the frame is a virtual impossibility.

Consequently, while we may say of the cinematic close-up that it is both "essential point" and "border point," a "knot" in the phenomenon of motion pictures, as Richard Martin main-

---

6. "In terms of the various types of shot, the close-up is the one that seems to have inherited the qualities and properties of the photographic image, well beyond any literal reference to the technique underlying it." Marc-Emmanuel Mélon, "Quand les fantômes viennent à notre rencontre...," *Revue Belge du Cinéma*, *op. cit.*, p. 77.

7. "Écrans de réflexion," *Parachute*, No. 56 (Oct./Nov./Dec. 1989), p. 20. — An interview by Jean Papineau.

8. "Our work begins with the human face [...] The possibility of getting close to the human face is the chief originality and the distinguishing feature of cinema." (Ingmar Bergman). Quoted in Gilles Deleuze, *L'Image - Mouvement*, Paris: Les Éditions de Minuit, 1983, p. 141.

9. Mélon, Marc-Emmanuel, *op. cit.*, p. 77.

10. "But, at the same time, as effective and extreme as the suppressing effect may be, we also see that there is, in fact, a side-stepping at the last minute [...] Only the viewer's imagination is really targeted and affected [...] In short, however much we try to advance the consuming power of the close-up, its true ultimate, its theoretical absolute, cannot in any way actually be inscribed within the notion of representation. It is ontologically unrepresentable. It is the off-screen field at its blindest. Its power stems precisely from that." Philippe Dubois, "Le gros plan primitif - À propos de l'arrivée d'un train en gare de la Ciotat de Louis Lumière," *Revue Belge du Cinéma*, *op. cit.*, p. 31

11. Mélon, Marc-Emmanuel, *op. cit.*, p. 77.

tains,[12] actually it could hardly be otherwise in Geneviève Cadieux's photographic work: the quality demands it. If we briefly consider the close-up (that knot of contradictions, of paradoxes in the cinema) in Cadieux's hands — the face for example, the enlargement of anatomical details, of body parts, etc. — we see that it could well support the conclusions which that author reaches. The close-up is a volume which is a surface; it establishes a distance in proximity; it abstracts the concrete and makes concrete the abstract; finally, it produces an "unrealizing effect" when it sets out to create an effect of reality.[13]

★

> "The facial close-up is also one of the first close-ups to appear on the screen, one of the first obscenities to break through the screen. This original close-up already played an apotropaic role for the viewer, one of the aspects of this role being the aptic function, the other, its repulsive function."[14]
>
> "Here we clearly have a double obscenity, that of the filmed object (the kiss) and that ('much worse,' strictly inadmissible, blinding, unviewable) of the filming (the repetition and, above all, the close-up, conceived as an enlargement, magnification, amplification, exaggeration). It is this ('gargantuan') disproportion that is, in the end, intolerable."[15]

Indeed, the face and the kiss, as they appear in Cadieux's work through the close-up, are part of the history of cinema. However, they are also part of the history of obscenity in cinema; they represent keys for understanding what it has become today. In the very beginning, there was cinema, but at the same time there was obscenity in cinema. The latter consisted essentially of two elements: first, the (public) presentation of private acts, in the form of an enlargement, and then, the magnification of what was presented.[16] "The enlargement that is characteristic of the close-up is comparable to the effect produced by size, by any exceedingly large size, an effect of *obscenity*."[17]

Obscenity in cinema — as in photography, moreover — has been mainly confined to the body, until now. The cameras and their lenses have been literally glued to it. And so, more than situations involving bodies, pornography exploits, and always has exploited, bodies themselves: their physical intimacy, of course, but also, through them, a selected, limited range of feelings, related, sometimes indistinctly, to pleasure and pain.[18]

In this obscene exploitation of bodies, which we often prefer to be anonymous,[19] there is a real concern for their fragmentation.[20] And it is these fragments, these body parts magnified out of proportion, enlarged, that become the subject of autonomous images, namely close-ups. These naturally include the sex organs, as well as the anus, mouth, hands — so many fragments linked to the pornographic effect that ultimately lies, as René Payant observed, in the parsimonious expression of sexuality associated with these few elements.[21]

And yet, despite the narrowness and specialization of its vocabulary, this world of pornography-related images (towards which we will make a momentary detour) does not go unmentioned, with all the necessary shades of meaning, in the art of Geneviève Cadieux: in particular, in certain formal aspects revealed by her works, certain vocabulary elements — mouth, hands, skin,... — some of their unavoidable connotations, but also in the choice of strategies with respect to the image, and in some of the ensuing effects.

Consequently, both in pornography (especially, perhaps, homosexual pornography) and in Cadieux's art, in this use of body fragments to form all of what we are given to see, and in their enlargements, the framing sometimes pushes the image to the limits of its readability, thus greatly increasing its potential for ambiguity. Almost accidentally for pornography, this fits in, paradoxically, with a desire to always show more, to present the object without artifice, as simply as possible, "without equivocation, without double meaning, to say clearly that this thing is being looked at (touched by the eye)."[22] In Cadieux's work this is a deliberate part, moreover, of a complex strategy of destabilizing the viewer, in which, within the limits of its

---

12. Martin, Richard, "Effets et paradoxes d'un plan-limite," *Revue Belge du Cinéma*, *op.cit.*, p. 37-45.

13. *Ibid.*

14. Delvaux, Claudine, "Propositions pour un système des objets (en gros plan) chez Alfred Hitchcock (1ère partie)," *Revue Belge du Cinéma*, *op. cit.*, p. 62.

15. Dubois, Philippe, "Le gros plan primitif - Le baiser, le gros plan : la double obscénité," *Revue Belge du Cinéma*, *op. cit.*, p. 15.

16. *Ibid.*

17. Martin, Richard, *op. cit.*, p. 41.

18. Here we cannot help thinking of two of Cadieux's works, *Voices of Reason/Voices of Madness* and *Hear Me with Your Eyes*, in which the ambiguity of the feelings expressed by the woman's face is especially blatant: pain or pleasure...

19. Durand, Régis, "Donner un corps à la vision," *Art press*, No. 147 (May 1990), p. 37. On the subject of Geneviève Cadieux's work, the author aptly points out that there is some difficulty in making a physical body and an identity coincide.

20. Martin, Richard, *op. cit.*, p. 41.

21. Payant, René, *Vedute* : pièces détachées sur l'art, 1976-1987, Laval: Éditions Trois, 1987, p. 238. In that author's view, the fragmentation of the body is a formal element of the pornographic system.

22. *Ibid.*, p. 236.

frame, the image which at the same time addresses the emotions and summons up the symbolic field, nevertheless acquires the scale of a sign.

Incidentally, this "manner," now plainly identified with Cadieux's art, yields yet another parallel — one equally capable, perhaps, of having exerted an influence on formal pornographic language in cinema. These processes of magnification and fragmentation of signs were employed by the artistic avant-gardes of the twentieth century, in which Man Ray was certainly a dominant figure. Cadieux has never denied such a connection, quite the contrary: at least one of her works, *Éclipse* (and, more allusively, *Amour aveugle* and *La Voie lactée*) borrows the motif of a familiar painting by the earlier artist (*À l'heure de l'Observatoire - Les Amoureux*). In the spirit of these avant-gardes, the close-up —which also maintained an ambiguity in the representation — was the product of a terrorist conception. New at the time, this method emerged out of "a violence done to undifferentiated space, to the homogeneity of bodies," and left no choice in the viewer's eye.[23]

Generally, this violence of the close-up still affects viewers, allowing them no escape from the sight of these body parts that fill the entire space.[24] That is the case in pornography. It is also the case with Cadieux, whose art has nevertheless been able to retain the ambiguity and that terrorist dimension characteristic of some of the images emanating from the avant-gardes.

Another violence is added to that of the image, extending and maintaining its effects. The image not only includes the viewer but, in pornography, it subjects the viewer, it "assigns positions and roles": "the situation is therefore pornographic not because the image says 'look at this' (whether you want to see or not), but 'look at this this way'."[25]

While less extremist, the inclusion of the viewer in several of Cadieux's works (in *Voices of Reason/Voices of Madness*, *Hear Me with Your Eyes* and, somewhat differently, in *Trou de Mémoire, la beauté inattendue* and *Éclipse*) is nonetheless inevitable, in the place allocated to viewers by the exhibition device. Régis Durand noted that "when Geneviève Cadieux speaks of her desire to *restore body to our vision*, we must doubtless understand her meaning as: to make it so that the look can no longer be detached and indifferent, and that the spectators cannot perceive in any other way than by involving their own bodies, that they themselves become a body for these faces and beams of light that surround them."[26]

Finally, in the use of anatomical details, if a disproportionate vision (magnification) is generally equivalent to its absence, the process in pornography, while similar, quickly reveals the limits of a genre. In Cadieux's work, however, through an image that is painstakingly chosen, skilfully framed, measured, complex, and disturbing, the process gives the photograph its status as a work of art by providing it with an opening onto a variety of fields: poetic, symbolic and psychoanalytic.

For while there is an alienation of the parts in relation to the body in the pornographic process — the parts become the whole — what becomes mainly obvious is the absence of the thing presented. The device is such that, hypertrophied, exaggerated, "to the point of excluding any heterogeneous detail," the object pushes the viewer's desire to a paroxysm, so that the viewer "cannot take it any more, seeing that, all that, nothing but that."[27] Resting on a delusion, the experience of absence is at its height here. The proposed promiscuity is in scale with the frustrations it gives rise to; the attraction exerted is equalled only by the distancing experienced.

With Cadieux, the magnification of the part never makes the viewer forget the whole (what we could, a little pompously, call the body and soul). On the contrary, they are joined together here in a complicity that is both metonymical (this bruise, this scar contain the body and the soul) and metaphorical (this bruise, this scar refer us to another kind of wound or injury). The tension is different here. It is not so much physical as emotional. The body is summoned up, of course, but with its emotions, desires, memory, fears, anguishes, etc.: flesh, sensibility and intelligence merged together.

Ultimately, in Cadieux's work, in her studied, exclusive use of the body (even when it is "conspicuous" by its absence: *À fleur de peau*), in its exploration of a language which she constantly takes as far as it can go (*Trou de mémoire, la beauté inattendue*, *La Voie lactée*, *Blues*), in its daring, its intransigence, in its desire as well to push back the limits (of the representable, the readable, and so on), we cannot help seeing that extremism which Susan Sontag quite properly saw in pornography (in lit erature particularly) and which she recognized as a kind of driving force of modern art, through its leading trends and its figureheads.[28] Cadieux's photography takes us back, most appropriately, to just such sources.

★

In developing her work, the artist chooses one part of the body, leading inevitably to its overdetermination. Through the extreme care taken in handling this fragment, via the photographic medium — its framing, as has been mentioned, but also the various things done or not done during the develop

23. Bonitzer, Pascal, *op. cit.*, p. 7.

24. Payant, René, *op. cit.*, p. 236.

25. *Ibid.*, p. 235.

26. Durand, Régis, *op. cit.*, p. 36-37. The author is quoting the artist here.

27. Payant, René, *op. cit.*, p. 241.

28. Sontag, Susan, "The Pornographic Imagination," *Partisan Review*, XXXIV (2), p. 181-212.

ment process, etc. — this fragment reaches such a saturation point that it truly becomes a sign. In the many steps she takes, in their ostentation, in the way she has of indicating her presence, even if it remains hidden, Cadieux becomes a kind of admonisher[29] in her works. The viewers consequently feel drawn in. Something is pointed out to them, by means of process and device. Their attention is monopolized. For a while, viewers are caught by and bound to this "saturated" fragment which, irresistibly, projects them into a place off screen, a "blind field."[30]

Handled this way, the close-up, both in Cadieux's photography and in the cinema, becomes a turning point, a "point of vacillation." "Still connected with orderly series, with the body of centre stage" in cinema, "because it is the ultimate cinematic expression,"[31] it is the contained figure which alone, in Cadieux's work, emerges from an inextricable fiction — every emotion and every pain flowing together — which has neither beginning nor end. Twisted around itself, it is still a place of gaping openness, a source of discourse, but never filled, never resolved, one that constantly refers the viewers back to their own confusion, the true off-screen world beyond these close-ups. Here the photograph itself is a wound.[32] It is a little like Oedipus paying for his knowledge with blindness.

As it does in the cinema, the close-up here leads to extremes, and makes us experience their full discomfort: "The image is presented here in its highest degree of ambivalence, attraction and repulsion, seduction and horror."[33] "Dreading or desiring, devouring or being devoured — it is the same drive at work. One way or the other, it is always a matter of breaking through the screen, creating a passageway between two worlds beyond measure."[34]

This image constitutes "the disappearance of all representation."[35] So much importance is given to the surface that the body surface and photographic surface merge. It is precisely there, at that border point, that we pass through to the imaginary, drawn in, in our body and its memory: a knot where paradoxes accumulate, the close-up becomes a volume which is a surface, which establishes a distance in proximity, which abstracts the concrete and makes concrete the abstract...[36]

In this siren song of the photographic enlargement of a fragment, of a detail, we thus find ourselves engulfed, overcome, but also entangled in these confused surfaces of a body and its photographic support. This close-up (as it appears in Cadieux's work, in the physical bearing of its presentation) invites us to go beyond it; it captures us, stupefies us, mainly with its irresistible physicality which brings us face to face with a difficult, paradoxical experience of an absence (more a metaphysical one, here). In this sense, the close-up takes away from our sight.

Geneviève Cadieux's handling of the image, and the work produced, act like a skin which is, ultimately, not the real "object" designated or shown by the photograph, but which instead causes that object to be revealed, as in the photographic process. The photograph then becomes, in the singularity of its vocabulary and aesthetic choices, a means of access to that which cannot be seen, that which cannot be touched by the eye. What is offered to our view is, in the end, read and truly seen only by the emotions. The eye has reached its limits here. The urge to see which is triggered by these images can be fulfilled only at an emotional level.

Cadieux's images are literally an allusive impression, an imprint that reflects and shows an absence. Virginia Woolf adopted a similar process in writing one of her first important works, *Jacob's Room*. That novel is built entirely around a figure who is absent, dead in fact, whose portrait (a coincidence, nevertheless) is gradually revealed to us, in small touches, by implication, through other figures who knew him or through a description of places and things that were his.

Here we find ourselves in the realm of the sidelong glance, where that which must be seen can never be seen directly, but always obliquely, in reflection or in the imprint left by its outline. It is a little like Medusa, that monstrous mythological figure which the human gaze could bear only in reflection, under pain of being turned to stone. Even so, what was seen was barely tolerable.

In another way, it is also like an oft-disturbing dream which, in its psychoanalytic interpretation, shows what cannot otherwise be seen. In the cinema, where there are many examples, it is the distress of a character played by James Dean, in *East of Eden*, the extent of which can only be properly conveyed by hiding from us the usual, conventional signs (generally read on the face): with his head buried in the branches of a tree, only his body indicates, in its limited back-and-forth movement, the figure's immense, unbearable (unrepresentable, in fact) pain.

---

29. A figure who, in some Renaissance paintings, "addresses" the viewers and invites them, leads them to a reading of the painting, among other things; this figure takes the viewers to task and points out what there is to be read.

30. Barthes, Roland, *La chambre claire*, Paris: Éditions de l'Étoile, Gallimard, Le Seuil, 1980, p. 91-92.

31. Dubois, Philippe, *op. cit.*, p. 21.

32. Barthes, Roland, *op. cit.*, p. 42.

33. Bonitzer, Pascal, *op. cit.*, p. 8.

34. Dubois, Philippe, *op. cit.*

35. Bonitzer, Pascal, *op. cit.*

36. Martin, Richard, op. cit., p. 37-45. We should also mention that, in pornography, the limit reached leads to a physical sense of lack and to frustration.

All of these are moments in which we are blinded to that which should have been seen. We are confronted, instead, with images (in a highly individual way, like that of the representation) which, while producing an effect, while triggering emotion, also conceal from sight. In the end, it is only through the detour, the Ariadne's clew, of emotion, that true access to the representation is made possible. The "shock" brought on by Cadieux's images, the discomfort that is often felt, the uneasiness, the emotion they provoke, do not act any differently. These enlargements, these magnifications, generally intended to show more clearly or to make up for a deficiency in sight, shrink, and even blur, the look we cast on them. That moment when we have become like blind people, brought full circle to our own selves, is paradoxically the moment when the work opens up and gives us access to its magnitude.

The image — indispensable to the "representation" — is in fact a passageway leading far beyond what is actually shown: it is aimed at other eyes, rendering ours incapable of truly seeing.[37] A parallel may once again be drawn to cinema, where "the close-up is like a photograph, a strange, ambiguous image fusing absence and presence, life and death; the close-up constitutes a bridge beyond which ghosts come out to meet us."[38]

Like busy crossroads, Cadieux's images change everything, mix everything up, to the point of confusing the senses and their functions, to the point of lending the function of one to another, to the point of having one take over for the other, if necessary: "Hear Me with Your Eyes."[39] That which must be seen blinds us, in order to better move us.[40] Oddly, Roland Barthes was convinced that the photographed body reached out to him with its own rays, and not with a superfluously added light.[41]

Following the complex, paradoxical role assigned to the image in Cadieux's work (as we have shown), the title, either alone or in its relation to the photograph, sometimes carries on what was established in the work, heightening what generally occurs there — displacement. The title, itself a party to the work, makes the permutation of senses yet another path by which to approach it: *Hear Me with Your Eyes* is a good example, of course, as is *Parfum*, here linked to the representation of eyes.

Or again, like a variation on the limit rapidly imposed by the image, a kind of shock, a kind of abrupt interruption arising in its reading (taking the breath away), like a variation of the displacement/break that then occurs, other titles of works, in a more metaphorical form, echo the phenomenon: *La blessure d'une cicatrice ou les Anges*, *La Fêlure, au chœur des corps*, and *Trou de mémoire, la beauté inattendue*.

★

When, at last, in Geneviève Cadieux's work, the viewers have been confronted with the singularity of the image, when they have been engulfed in it but, at the same time, held at a distance, when they have come up against its impenetrability, when their gaze has closed on it and, simultaneously, they have been moved by it, suddenly reaching that other dimension which, paradoxically, it alone permits, when, finally, this disappearance of the representation reaches the viewers, emotion takes over, aiming for the weaknesses, anguishes and shadowy zones in every viewer. From there on, the work continues at that level, at the same time overflowing into the symbolic field.[42]

This very particular image is what Gilles Deleuze calls the image-emotion; an image torn from "spatiotemporal coordinates to bring out pure affect as quantity expressed."[43] Once again, the comment is meant for cinema; it concerns the cinematographic close-up. But it applies equally well, in our opinion, to these images which the artist creates, the most cinematographic images in today's photography.

For just as cinema refers indirectly to photography, in Geneviève Cadieux's photography we continually hear the murmur of cinema.

---

37. In works slightly or more substantially out of focus (*La Voie lactée*, *Voices of Reason/Voices of Madness*, and in others as well, such as variations of the preceding), in which the photographic enlargement brings back to the foreground the over-present grain of the photograph, there is already a kind of indication, of encouragement to "see differently."

38. Mélon, Marc-Emmanuel, *op. cit.*, p. 77.

39. Hinant, Guy Marc, and Pierre Kutzner, "Percées," *Revue Belge du Cinéma*, *op. cit.*, p. 94. S. 2. "Extreme close-up of Liv Ullman in *Hour of the Wolf* (Vargtimmen, 1967), I. Bergman. The director instructed her, for this silent scene, 'to listen with her mouth.' The face is shown with its shadow, that is, with its doubts, essentially, with its non-answers to one or two tireless questions. The entire surface of the screen is this texture of skin combined with the film material, combined grains of film and skin. An extreme of the perceptible, limits, inevitable breakthroughs."

40. This is somewhat reminiscent of Roland Barthes' comment that, for him, the organ used by the photographer is not the eye, but the finger. *Op. cit.*, p. 32.

41. *Ibid.*, p. 128.

42. Cadieux's images are always very dense with symbols: the mouth, eyes, hands, wound, and colours are so many elements adding meaning to these works.

43. Deleuze, Gilles, *op. cit.*, p. 125-172.

Of the Place and the Absence of the Body

Jacinto Lageira

Photography is one of the media that can capture an instant of life or, rather, the image of that instant. Still, the works of art produced by this technique are the antithesis of life: they do not attempt to depict objects and beings as they are, but to use the real state in which the subjects are found to create another reality. Once they have been imprinted on a piece of film by a flux of photons, these subjects are torn from their individual, organic, finite identity; they are no longer merely the reproduction of a particular body, the trace of an object or person, but have their own intrinsic worth, as though they had no referent. Not that the things transferred to film — which have *become* a particular work by a simple chemical transformation and by the artistic act — are cut off from their physical source. Their seeming lack of referent is due to the fact that the photographic image does not refer directly to the real world, but to the aesthetic meaning that we construct when we relate the two. The picture of a person or a part of a body is, in a work of art, merely the imposition of meaning on a part of reality that is apprehended as an image of reality. Even as she works from such images, Geneviève Cadieux does not, however, exclude the referent from her work; indeed, her works speak of it as though it were an actual experience staged by the artist. Her works take the physical and mental transformation between real bodies and objects — akin to the evolution from actual experience to its aesthetic meaning — and turn it into subject matter for her photographic vision. This step is a familiar one to all artists working within this medium and, in this instance, it is at the very heart of the works insofar as the *displacement* that exists de facto between reality and its image has materialized in the image itself. This displacement takes shape in accordance with the main kinds of simultaneous relationships that exist between the natural imprint and its visual reconstruction, whereby the act of recognizing that which was photographed is only the sustained illusion of that act of recognition; the displacement is therefore already visible. Based on these images of things and beings — perceived according to precise visual codes that are completely different from the codes by which we apprehend the reality from which they originated — how can we establish any link between these two disparate spheres, knowing that the visual form of the thing reproduced also possesses another degree of reality, or even that one's own image can become another object to be manipulated by the photographer? What aspects of ourselves and of others are we actually able to recognize in the artificial image of bodies that have been photographed? Photography is limited to the same subjects or themes as painting has been in the long course of its history — nature, people, objects — but it nevertheless stands in a different kind of relationship to them, thanks to a certain degree of realism that it is supposed to possess. We may be very well aware that an image of a body is not a body; the referent of a photographed image is still problematic. This becomes clear through the special relationship mentioned above, as it is hard to imagine — once we have considered and dismissed the not overly successful experiments — any kind of photographic or cinematic art that is not based on the body. Why should the body be the most fundamental subject of photography? Because of a certain technical objectivity, which makes it very similar to our natural vision, photography is a medium that puts our bodies in a new light, by uprooting the reality of the referent and transporting it into the heterogeneous sphere of the artistic image. Due to certain conditions, both natural and artificial — such as lighting and framing — you cannot have a photograph of a body without a real body; but this anterior reality does not necessarily give birth to another reality that can be situated on the same level. There are many differentiations, of a sensitive, interpretative and evaluative nature, that separate the referent from its image — in spite of their initial material connection. These questions may at first seem general and abstract; however, in the works of Geneviève Cadieux, they take immediate and concrete form and comprise an essential feature even within the context of photography's optico-chemical basis. Since it is quite rare these days to find an artist capable of incorporating an aesthetic idea into his or her technique, it was interesting to see how certain ideas take form in the image — given that other investigations have already drawn out the explicit or implicit meanings of her *œuvre.*[1] To what extent was she trying to respond to the symbolic divergence existing between a body and its photographic image by ripping the body from the straitjacket of reality, from its destiny and its desire, at times even attacking it violently or dematerializing it?

The Body as Imprinter

The fact that Geneviève Cadieux works in the photographic medium from the inside, within the framework of its material conditions and devices, becomes abundantly clear in

1. See, in particular, Chantal Pontbriand, "Language is a Skin", *Geneviève Cadieux, Canada XLIV Biennale di Venezia,* Montréal: Parachute and The Montreal Museum of Fine Arts, 1990.

her obsessive use of the "body," taken in both its literal as well as its figurative meaning. As far as the terminology of photography is concerned — which speaks of the necessity of a "body" from which light can be reflected and imprinted on the film — the body in this case is taken in its literal and immediate meaning: she is dealing with our bodies. Since a real "body" has to be placed in front of the lens in order for its image to be made, it is tempting to believe that the photograph, which retains a trace of the body's existence in reality, can be a means of acquiring an instant of life from that body, or a phase in its development. In order to obtain the raw material for her works, our artist does in fact need a real body to be her starting point as she sets out to manufacture an image. The inevitable presence of a model's body takes on a particular importance here, not so much because of the absolute and predetermined technical necessities, but rather because of the physical investment, underscored by photography, in the being and absence of the body. In order for the barriers between the object and its recorded image to break down *materially* as much as possible, the artist must transform the physical and quantitative constraints of photography into an image that appears to be voluntarily linked to its status as a digital operation. It is therefore presented as such, within an artistic logic, and from this presentation of photographic givens — by the work and in the work — is born a plastic convention foreign to the medium itself. This visual and mental inflection of photography provides its optical and chemical conditions with a *raison d'être* that either largely escapes them or, at least, with which they are not imbued at the start as an aesthetic act.

The installation entitled *Voices of Reason/Voices of Madness* illustrates the phenomena of similarity and dissimilarity, of imprint and dissolution, through two projections appearing on walls opposite each other. One of them, a slide, shows a face with a neutral expression; the other one, a frame from a 16-mm film, still shows a face, with an expression of pain. The viewer immediately realizes that the work is registering the imprinter and imprint in a theatrical way, through effects requiring certain distinct conditions at the time when reality was recorded. In the second projection, the *photograph* of the face becomes more and more distorted, the lines merging together until it becomes a huge patch of light; at the same time the *face* becomes more and more unreal and hard to distinguish. However, although the face is transformed before our very eyes, the movie frame remains the same. In this piece, Cadieux seems to want to create the illusion that one can transform the referent of an imprint without any effect on the imprint itself. And even so, it is not the imprint that dissolves, but the *image of an imprint*, which itself has been taken from a film. In this repetition of the image of an image, where the imprinter is merely an echo, we see the face gradually disappear, while the imprint remains fixed.

Although neither the imprint nor the imprinter has disappeared from the photograph used for the projection, the device used by the artist can erase them, at least in a material sense. Manipulating the image of the referent will not, of course, allow us to physically attain it. But let us bear in mind for a moment the merely material side of the photographic image: while the film *is really modified by the exterior object*, i.e., modified by the model's body placed in front of the lens, Cadieux tries to get around this restriction by physically modifying the image, and by extension its *modes of appearance*, without modifying the methods first used to record it. This is, in fact, one of the artist's distinguishing characteristics, in that she accepts the ineluctable physical connection only to shift it within the context of a plastic-oriented language, which itself speaks of displacement. The body, taken as imprinter, must be set up as such in centre stage; it must be shown as the only referent for an image, which is first seen as unique, and then becomes multiple.

In the piece *Hear Me with Your Eyes*, the two very similar faces belong, in fact, to the same person, but we are immediately struck by their physical dissimilarity: scarcely discernible differences seem to dwell in the features themselves and not in the photographs — the texture and colour also differ — as if this change or anomaly were not due to artistic manipulation but were instead a product of the face of the model. In other words, the referent seems to have been really transformed from one photograph to the other. But what is a *real transformation* if it can only be apprehended through an image? By showing a transformation that we would naturally attribute to reality — since the photograph has faithfully registered the trace of that which appears — we are, in fact, trapped in the space-time of the photographic imprint that bears *objective* witness to the fact that the body the artist used as referent has changed. In this piece, Cadieux is returning to the basics of photography itself: a physical body (a human one) imprints itself on another physical body (the film). The ensuing photograph is held within the ties of a direct physical relationship with it, and bears its mark.

From a merely material point of view, the imprint is intimately associated with the body as imprinter. The physical dissimilarity we observe in the two faces is not due to some photographic trick — which could very well, of course, have been the case — but is rather the clear manifestation of the imprint made by alterations taking place within the body. The mystery of such a transformation did, in fact, take place. The second photograph was taken ten years after the first, so the reality, the referent, or the face, has aged. This realization is brought home to us through the photographs that reconstruct, in a manner of speaking, the base imprint. This is also a factor in the central photograph — in a less immediately material way — as we see there, like a shadow cast over the face, the *trace* of its movement which appears to be the *imprint of an imprint*. There seems to be a certain amount of ambiguity as to the production methods for this second imprint: Is there perhaps a second face superimposed on the first, or is it simply the same face at two different times? In fact, the *trace* of movement in the face was captured when the picture was taken, such that the double role of the photographic imprint is exemplified, both as a real presence and as a play of illusion. One shot, one face, but which the photograph repeats within the *trace* of the imprint, coming from the same imprinter at the time the movement occurred. In another perspective, the image puts forward its ability to refer us simultaneously to both a single face and a photograph of that face which does not necessarily resemble it. What does "resemble" mean, if not an analogical, and no longer a digital, point of view? Even as we presume that an actual body must have been present for the photograph of the face to exist, so we suppose that there will be a certain physical resemblance between the imprinter and the imprint. The line of reasoning that leads us from one assumption to another is, however, false; for the first is merely the object as the cause of the trace, and the second is a plastic reconstruction (i.e., centring, close-up, grain...) of the imprint that has little to do with the simple physical event. Within photography's technical and plastic restrictions, the artist takes the resemblance between the two faces and superimposes it onto the resemblance between the imprinter and the imprint, thus creating an almost tautological play of fiction and reality. The resemblance between the two faces is only made possible because it is conditioned by a de facto resemblance between the referent and its image. However, because the imprinter belongs to the digital side (the living body) and the imprint to the analogical side (not the real body but its "appearance" through a device, an appearance that will be interpreted by someone), the idea of resemblance as conveyed by photographic signs is a deliberate illusion and has no validity "in itself." If we interpret the image, we have already granted it a generic status, not a singular one.

Geneviève Cadieux is thus placing herself at the centre of the procedure whereby singular traces are displaced towards generic images, and real bodies towards signifying bodies. The latter, although material, no longer need corporeal referents. Cadieux is thus exploring the strange experience of the flesh-and-blood body becoming incarnate and recognizable in a non-living form. With this as her goal, the artist must strive to make this chemical mutation of the body — from the imprinter to the imprint — clear to us, and to stress the total material interdependence between the singular referent and the indicial mark, which merely points back to this referent.[2] If the work of Geneviève Cadieux is not primarily concerned with demonstrating the physical connection between the body and its imprint, the latter nevertheless remains an essential step in the process of referring to the symbolic image of the body as well as to its real existence, while still maintaining the exact coincidence between the *objet d'art* and the medium by which it is created. The body of the model must necessarily impinge upon the body of the film if there is to be an "image," but, even there, since the *impinging* is done at a distance, the photograph must present this distance to the viewer as imprint and as plasticity, indicating the scission that is inscribed in the work. The work makes use of the photographic act itself — which necessitates space between the imprinter and the camera — and puts viewers at a mental distance, while absorbing them physically. As has often been observed, the works of Geneviève Cadieux seem to be linked in many ways to the images in cinematography; they draw the spectator into their space by their size, their luminosity, their close-ups. What has not been discussed as often is the way she stages the displacement of the parcels of reality (the bodies as imprinters) within the context of the constructed image. What matters most here is, once again, the destructuring of the imprint as nothing more than a necessary indicial effect in order to construct an image that signifies by means of aesthetic convention. The real body, by reference to the world from which it came, can, as an image, change its place. It imprints these images in the traces of its component fragments within the photograph; this constitutes "the quality that is necessarily held in common with the object."[3] In the case of a work of art, this act does not simply consist of recording the body as a witness of its existence; rather, the body as imprinter is recomposed, remodelled, transformed as an image in an attempt to create a plastic language altogether foreign to the photographic act itself. Because the latter, by its very nature, is an act and not a language, Cadieux is determined to make it say so: when her works are placed on the roofs of buildings, for example, the images are displaced; but these are *images* of fragmented bodies which, for their part, are displaced again

2. Thus we come across Peirce's ubiquitous definition: "An Index is a sign which refers to the Object that it denotes by virtue of being really affected by that Object. . . In so far as the Index is affected by the Object, it necessarily has some Quality in common with the Object, and it is in respect to these that it refers to the Object." "Photographs, especially instantaneous photographs, are very instructive, because we know that they are in certain respects exactly like the objects they represent... In that aspect, then, they belong to the second class of signs, those by physical connection." C.S. Peirce, *Collected Papers,* Cambridge, Mass.: Harvard University Press, Vol. II, Book II, Chap. 2, p. 143, and Chap. 3, p. 159. Similarly, other ideas related to those of the American philosopher have been fruitful sources of inspiration, in a *pragmatic rather than an aesthetic vein*, particularly: Henri Van Lier, "Philosophie de la photographie," *Les Cahiers de la photographie,* 1983; Jean-Marie Schaeffer, *L'Image précaire,* Paris: Éditions du Seuil, 1987; Philippe Dubois, *L'Acte photographique,* Paris: Nathan, 1990.

3. Cf. C.S. Peirce, *Écrits sur le signe*, Paris: Éditions du Seuil, 1978, p. 140.

towards a language in which there is no physical contact with the referent. The crux of the matter is to portray how an actual experience — in this case the staging of human bodies — can evolve into an image that can be accepted and understood by artistic convention. In order to achieve this, the body itself becomes the vehicle for evolution, since it is, in turn, impinged upon, and bears the marks that are memories of the marks imprinted on it.

The Imprinted Body

One of the central themes of Cadieux's work is the portrayal of events, developments and changes that have happened to the body. She could cover them with make-up, and make us believe in the transmutation of the body through the magic of photography, but the artist has consciously chosen to side with the indicial condition of the medium. Just as the *body* was taken in its literal sense, so does the notion of an *imprint* become a corporeal transposition when the artist shows us bruises, discolourations and blows voluntarily inflicted on the body or received by accident. The body is itself the place where the imprint is actualized, and the imprint denotes or connotes, precisely, a *physical act*. We could even perceive a certain similarity between the photographic act and the action that caused the bruise: the click of the shutter, the blow delivered, both leave their mark — almost equally immediate. If the presence of the body, as imprinter, was manifest in the necessary connection to the imprint, then the imprints received are also a physical act but not, it seems, a necessary one and significant in a quite different sense: if the artist wishes to capture a bruise photographically, she must take one from the body, although there is nothing that says she has to. Stripped of any personal obsession, she shows a minimal level of life, which we can readily see and experience: a blow, a face grimacing in pain — these are immediately recognizable. Here again we can see an unexpected return to the centre of the images themselves: the bruise is the sign of a blow, of pain, in the same way that the photograph is the indicial sign of the object. Just as the photograph was modified by an object, so the body, too, was modified by an object, and the *imprint* that appears is, in both cases, held to be its *sign*: it *reveals* a modification. This cannot be explained as a simple figure of style, as there is a definite material contiguity between the cause and the referent. The bruise and the imprint are signs that have no value in themselves, but only insofar as the meaning we can extract from them is mainly determined by their relationship to a real object that has impinged on them. This is true for the scar: the object has, in point of fact, left its *mark* upon the skin. This will forever be the index of a physical action on a part of the body, just as the photographic imprint will forever be the mark of the imprinter in a given moment of space and time. As far as the bruises and scars are concerned, the imprinter's role has changed: it is henceforth the physical medium for expressing the imprint, thus resembling the "photographic act." There are, of course, certain technological and semiological limits that must be imposed on these parallels, but in the works of Cadieux they are of fundamental significance, as they illustrate, through the use of the human body, the path that goes from quantitative physical necessity to qualitative arbitrariness. For example, some of the faces seem to show suffering, pain or joy, tranquillity or anxiety. It is obvious that the artist gives a particular orientation to certain attitudes and postures and that she is trying to lead the viewer towards a specific way of perceiving them. However, we must be aware that a kiss, a glance, an outstretched hand, a stance, an eye, a mouth... all these things *say nothing*. Of course, their images are signs of something that is to be interpreted (the kiss could be the sign of desire), but visually, they remain at the level of the index, as smoke is the sign of a fire. If the works of Cadieux are trying to say something related to personal and aesthetic experience, it cannot be apprehended in their indicial appearance, in the *illusion of the image* of what is seen and perceived as evidence of real existence — pain or injury — but rather from the vantage point of self-reference and of the act of symbolization. On the one hand, the work of photography can play with its medium (reality, necessity, imprinter, imprint) and also, on the other hand, it is able to produce a symbolizing reaction that breaks loose from it. Between the two is the doubly significant body (imprinter/imprint); the photograph, the act, the work of art cannot be achieved without it.

Because the viewers are in a physical relation not with a body but with its image, the latter can make sense within its own autonomous visual reality, while still pointing back toward the corporeal referent that is its source. In this respect the viewers are being physically appealed to, as they also have bodies that could be used as the referent, and without which, in fact, they could not grasp the image's message because they could not themselves have experienced the feelings — such as pain and suffering — being portrayed. States such as these cannot usually be separated from the manner in which they are incorporated, and as the artist leads us through a labyrinth of displacements, we come across many different levels of reality, from the imprinter to its imprint, from the digital to the analogical, from the reproduction to its symbolization, to finally arrive at the image constructed with the aim of signifying this movement of displacement and its presentation to the viewer. The question of life experience that reemerges here has not been forgotten for a moment, as it is actually the starting point of the work: The body, like an imprinter from the biological realm in all its living and fleshly reality, is being referred to. A bruise or a scar on the body is part of the organism's natural reaction (the chemical reaction of the halogens can be seen as parallel), and the simple presentation of the referent is already inseparable from an actual corporeal experience, with whose image we can identify. Actually, we can only identify ourselves with these bodies, or project onto them, because they are merely images — mere fictitious bodies — which, in their appearance, draw us into a relationship that is not physical, but ideal. We are dealing with the symbolic image of a body and not with the real image; this is the progression that Cadieux manages to *show* us with her works.

But how is it possible to show, and embody, a mental construction of our body and of the bodies of others? This is only conceivable because the body's image rests on a physiological basis, hence the importance in this work of stressing the relationship to the physical body, to better define the progression from the real imprinter to the photographic image, and from there, to the mental image. Our "body image" is the way we mentally represent our body, and the lack of any real physical experience here could be taken as one of the paradoxes of the photographic image of the body, were it not so easily resolved by the simple fact that the "optical image" of the body is not necessarily dependent on the "tactile image."[4] If the visual apprehension of images is preponderant — which, for photographs, may seem an obvious conclusion — it is because perceiving the body in this manner allows the importance of the physical aspect to be greatly reduced. The "scopophilic drive" is no longer brought to bear on living bodies, or even on the images of bodies, but on the possibility of understanding the body through the visual act itself, as if the photograph were able, like a mirror, to reflect the image of a body that had never really existed, and as if seeing itself produced an image. The photographic act refutes this by its very essence. This brings us to the core of the progression leading from the material to the mental image, and if our vision — in itself a physical act — can recognize the image without the presence of the body, it is because the image presents itself as the urge to break free from its digital status, even though its very existence is dependent on the action of a body to which it is exterior. The image of the body seen by the spectators, though also exterior to them, can stir them physically by its merely optical aspect. The photograph is therefore no longer challenging its referent — its imprinting body — but rather each viewer's body, which gazes on it in the absence of any fleshy contact, and is reflected in its mere visual presence.

Certain works are an accurate rendering of this progression from the body — with its tactile side, its weight and its physical mass — to the visual aspect. *Trou de mémoire, la beauté inattendue* is a photograph of a scar reflected in a mirror on the right. The photograph seems to be using the wrinkles in the skin, from where the incision was, to invoke a tactile image. This initial impression is, however, immediately altered by the status of the photograph that somehow flattens the physical aspect of the skin — its colour, texture and hairs — and transforms it into the colour and texture of an image. When the image is reflected in the mirror, the act is thereby transported out of the physical, chemical realm and into the realm of pure vision. The mirror swallows the materiality of the image without being physically linked to it; the progression from one to the other is purely visual, and is essentially directed towards the spectator. Moreover, by standing at a certain angle between the scar and part of its reflection, the viewer may discern the shape of a closed eye: a blind eye that can bring us vision, a scar that is both open and closed... These elements are strangely reminiscent of the famous scene in Buñuel's *Chien andalou*, where a woman's eye is sliced with a razor. In *Blue Fear*, a photograph of a pair of eyes is overlaid by a photograph of a man's back in such a way that the two pictures seem to make up another face; *Portrait de famille* shows a "portrait of the mother" in which there are two pairs of eyes superimposed on one another, thus giving the impression that they are simultaneously both open and closed; in "portrait of the father," a photograph of a pair of lips (taken from *Hear Me...*) projected onto a real body — which makes up one of the two sides of one of the light boxes — has merged together with the body to such an extent that the viewer cannot immediately ascertain what elements make up the composition. These works radicalize the progression from physical, to visual and visualized, body by limiting any association with the referent by a method that, instead of using the image of an imprint, uses the image of an imprint of an imprint. This is not as absurd as it may sound, given the fact that the real body, the imprinter on which light is shed by another photograph (Imprint 1), becomes itself an imprint on a film, from which the final work can be generated (Imprint 2). With this, the artist has come across an astonishing logical and artistic find — a perfect illustration of what has been discussed above, as Cadieux is able to cut the work free from its physical connection to the referent while still staying within the technical limits imposed by the medium. She could, in fact, go on to generate works based on photographs of photographs of photographs. The real body is no longer needed to produce a generic image. The theme of the dissolution of the body has been present in her work for the last twelve years and has reached its apotheosis in these latest photographs. Its aim was to constitute this generic image, and thus stage an essential symbolic act.

---

4. Cf. Paul Schilder, *The Image and the Appearance of the Human Body*, International University Press, 1950. (Translator's note: The author referred to the French translation, *L'Image du corps*, Paris: Gallimard, 1968, first section, pp. 41-137.)

A Body of Images

When Geneviève Cadieux takes pictures of bodies, and their various parts, she is bringing about a technical transformation, but, first and foremost, she is effecting a symbolic displacement between image and referent. It is hard to avoid references to the real methods and procedures of the photographic act, insofar as the image of the body as imprinter *takes the place* of the body as referent, and may engender the imprinted body. We thus take part in a progression from the real, transformed body to the transformed image of the body — the latter superseding the former in both the material as well as the mental sphere. In this respect, we might put forward the hypothesis that the photographic sign is the inversion of the trauma indicated by the images of scars and bruises: the former is brought about by a physical process and communicates nothing, whereas the latter speaks to our own life experience and indicates the presence of violence. The fact that she has depicted recurring images of aggressive acts inflicted on the body is certainly symptomatic of the artist's state of mind — although her inner thoughts cannot be known in this manner — but, most importantly, of our own possible state; for as we stand in front of the *images* of blows and injuries, we see at first, not the images themselves, but the traumas we feel echoed in our own imagination, as demonstrated perfectly in a work like the one entitled *Parfum*. In this way, we read the image as the trace of a reality that we could have experienced. The work then operates in an opposite sense by mediating an image of our body — or of the one in the photograph — without needing the actual referent (the body as imprinter) as a point of reference, since we are henceforth deriving the elements of visual and symbolic reconstruction from its manipulated and artificial image. Regardless of reality or the referent, the sight of that brutalized body moves us; we relive the trauma through the image of the body, even if the body of flesh and blood has been placed in the background. In order that the symbolic substitution between the actual body and its image may take place, the work must, in fact, portray it, so that the viewers can recognize themselves by referring, not to the real body, but to the image of the body, which is *necessarily* based on the physiological body. Herein lies all the finesse of Cadieux's work, for merely declaring that the image of the body is not the body cannot suffice for a work of art. On the contrary, the artist must show how to obtain different categories of thought based on the same real conditions.

Just as the imprinter and the imprint within the photographic image cannot be separated, so our image of our body is indivisibly linked to a living reality, without which it would be impossible to construct a material and mental image of ourselves. The photographic work, the image, cannot help referring to a real body but, in the process of evolving from the imprinter to the imprint, from indexation to symbolization, it has shifted from one category to another such that, when it is again brought face to face with materiality, it can no longer remain in pragmatic relation to the reality of things and beings. Surely the works reveal, through this unique approach to the body, a similarity between the way in which we construct an image of the body and the way in which we produce and read a photograph. They are both transported from a physical reality towards a symbolic reality but, in the works of Cadieux, the difference is that, as the body breaks down in a material sense, it is being built up in a ideational sense.

Most of the photographs progress from the visible photographic and corporeal elements to the very limits of our grasp — from the purely visual to the totally apperceptive — by means of images that flicker, are blurred and become transparent as they overlap, thus showing the minute transitions that take place between the imprinter, the imprint, the image, the idea. The work entitled *L'Inconstance du désir* is a subdued play of chemical and mental transformation: the feet shown in the photograph are a mere image, incapable of wearing the shoes standing on the pedestal. The work thus presented states that the connection between the image and the object is a mental one, bringing together the image of the body and the image of a physical reality. To make that connection between the two spheres, we have to project our mental images onto the images laid before us — which have, in fact, already been constructed by the perception of the artist who has also *embodied* the image of her body within the images. Thus, not only are the living bodies — and their various parts — both visually and materially reconstructed, but, on another level, we perform a mental reconstruction of the supposed absence of these bodies, that are apparently only images. *L'Inconstance du désir* provides a clear illustration of the division between the reality of the photographic image (fabricated, artificial, fictitious), and the reality of the shoes on the floor, while at the same time laying bare the mechanism of reconstruction that gives meaning to the work. If we replace the images of bodies with other images that belong to us — a tendency that clearly reoccurs in *The Shoe at Right Seems Much Too Large* — then what we are projecting is generic images of bodies that refer, however, to experiences and to singular, living, mortal bodies. It is, by definition, impossible to set a generic body before the lens, for that body is always, necessarily, a particular body. On the other hand, the image that we can derive from its particularity — we are dealing here with a unique causality, as there can only be one imprinter per imprint — could be a generic image that the viewer could apprehend as significant. We have all had difficulty in speaking of our bodies, or really experiencing them fully, and it is surprising that our mental representation comes closer to its reality than does our physical perception. Of course, we know what the body is because of a mental image based in physiology, and this image is concurrent with injury, pain, sickness, blows and other physical acts against our bodies. However, we are not trying to illustrate psychological theories here, but to show how it is possible to give birth to *a significant image* of that reality — no longer a mere sign or index — through images that are necessarily produced from a particular reality. Contrary to the "image of the body" propounded by psychology, the photographic image of the body is not directly linked to a physical state, but rather to other images that can be apprehended in themselves, without any need for their referents. The question of the referent is suspended in a work of art; the fact that a photograph can technically reproduce the imprinter does not in itself make it such an art work. The images must be structured, there must be a plastic reorganization that owes nothing, from this very strict point of view, to photography's optico-chemical conditions and phenomena, but in which we find a meaning that arises from our actual experience and touches us deeply.

We have only to read some of the titles from the works to find words (such as madness, crack, desire, family, wound, scar, rapture, skin, body, blindness) that, taken together, form a network of meanings linked to a form of ritual without any specifically religious basis, but that nevertheless can be assimilated within a tradition of so-called "symbolic wounds," i.e., marks inflicted on the body according to rules and codes in order to perform a social action.[5] In these practices, however, participation is voluntary, whereas the marks found in Cadieux's works have obviously not been inflicted with the intent of photographing them. If the artist makes a photographic copy of certain marks and incisions imprinted on the body, it is surely not to regroup a community around these portrayals of banal bodily injuries. It is the plastic and psychological symbolic meaning inherent in these wounds received by the body that is her focus: *Our bodies are the images of bodies*. We should not, however, conclude that Geneviève Cadieux is creating purely formal work based on such images, gradually dissolving the body until it becomes pure abstraction — a mere mental image. On the contrary, the photographic act, which consists of making an image, implies meaning for the actual experience and the living reality of the body. What is the reason for these photographs of wounds, bruises, and faces with neutral, hardened or pained expressions? Surely to provide proof of the physical and photographic act and to signify the act of the image *à propos* of the wounds and incisions. The physical connection really does exist between the imprinter and the imprint, reality and actual experience. The image of the body does not imply an absence that we can only reconstruct in our minds. Without being absent from our reality, it takes up a completely different kind of place within the image. The image-body and the flesh-body are physically and mentally distinct, and there is a passage from one to the other; still the "act of imaging" performed in the works of Cadieux really does operate directly in the realm of corporeal experience, and it does this *through the image* itself. The incisions and wounds that we see in her photographs are never fresh, bleeding or suppurating, even if they hint at these conditions (the exception, here, is *Portrait de famille*, in which blood is dripping from the hand in the "portrait of the mother"). The physical reality, whether it be incision or haematoma, does not come into the realm of image until after the event has taken place, when the incision has closed and the blow has been received; the photograph is thus taken at the exact moment when the *reality is reconstructed*. To a certain extent we can once again perceive a kind of interdependence, this time a plastic and aesthetic kind, existing between the imprinter and the imprint, since the reconstruction of the body is associated with the mental reconstruction of the imaging act. The photograph is not taken until the incision in the body is old and forgotten, until the bruise has taken on its darkest hue and is close to disappearing altogether. To construct the image on that basis, in the ritual that comprises the progression from reality to image, would signify that the photographic act can absorb the wound. To make an image is to heal.

5. Bruno Bettelheim, *Les Blessures symboliques*, Paris: Gallimard, 1980.

LISTE DES ŒUVRES

Séquence nº 6, 1980
Émulsion photographique sur métal, encre à gravure, ruban-cache, boulons
132 x 488 cm
Collection : Banque d'œuvres d'art du Conseil des Arts du Canada, Ottawa
Photo : Louis Lussier

Voices of Reason/Voices of Madness, 1983
Deux projecteurs modifiés, diapositive noir et blanc, diapositive couleur, commande électronique, 2 trépieds, sonorisation
9 x 18 m (surface de la salle)
Photo : Brian Merret, MBAM

La Blessure d'une cicatrice ou Les Anges, 1987
Diptyque
Aquarelle sur papier, plexiglas, encadrement de bois recouvert de feuilles de métal doré
289 x 228 cm
Agrandissement noir et blanc sur papier photographique couleur plastifié monté sur aggloméré, bois, métal, encadrement de bois
297 x 292 cm
Collection : Vancouver Art Gallery, Vancouver
Photo : Louis Lussier

À fleur de peau, 1987
Diptyque
Plomb, miroir bruni, encadrement de bois recouvert de feuilles de métal argenté
1/3 218 x 147 cm (chaque élément)
Photo : Louis Lussier

Trou de mémoire, la beauté inattendue, 1988
Épreuve couleur : 335 x 208 x 14 cm
Miroir bruni : 137 x 208 x 14 cm
Bois
Ensemble : 208 x 472 x 14 cm
Collection : Musée des beaux-arts du Canada, Ottawa
Photo : Musée des beaux-arts du Canada

La Fêlure, au chœur des corps, 1990
(Version murale)
Épreuve couleur, 1/3
152,5 x 579 cm
Collection : Musée du Québec, Québec
Photo : Louis Lussier

Blue Fear, 1990
Épreuve couleur, encadrement d'aluminium, bois, 1/3
185 x 292 cm
Photo : Louis Lussier

Parfum, 1991
2 épreuves couleur, 1/2
152,5 x 579 cm
Collection : Musée départemental d'art contemporain de Rochechouart, Rochechouart
Photo : Gerhard Koller

Portrait de famille, 1991
Triptyque
3 Cibachromes translucides, 3 épreuves Cibachrome perlées montées sur plexiglas, 3 boîtes lumineuses d'aluminium, plexiglas
230 x 230 x 30,5 cm (chaque boîte)
Photo : Georg Rehsteiner

Blues, 1992
Épreuve couleur, 1/2
168 x 249 cm
Photo : Paul de Jong

Amour aveugle, 1992
Diptyque
Épreuves Cibachrome montées sur plexiglas, encadrement de bois, plexiglas, 1/2
155 x 360 cm (chacune)
Photo : Paul de Jong

La Voie lactée, 1992
Panneau lumineux
Boîtier d'aluminium, procédé informatisé d'impression par jet d'encre sur toile translucide et flexible imprimée des deux côtés, 1/2
183 x 457 cm
Photo : Louis Lussier

Le Corps du ciel, 1992
2 épreuves couleur montées sur plexiglas, encadrement d'aluminium, 1/2
181 x 573 cm
Photo : Louis Lussier

À moins d'indication contraire, les œuvres proviennent de la collection de l'artiste avec l'aimable permission de la Galerie René Blouin, Montréal.